Das Paradies
ist immer woanders

Barbara Veit

Das Paradies ist immer woanders

Eine Reise durch das unbekannte Tasmanien

Mit Fotos von Paul Mayall

Frederking & Thaler

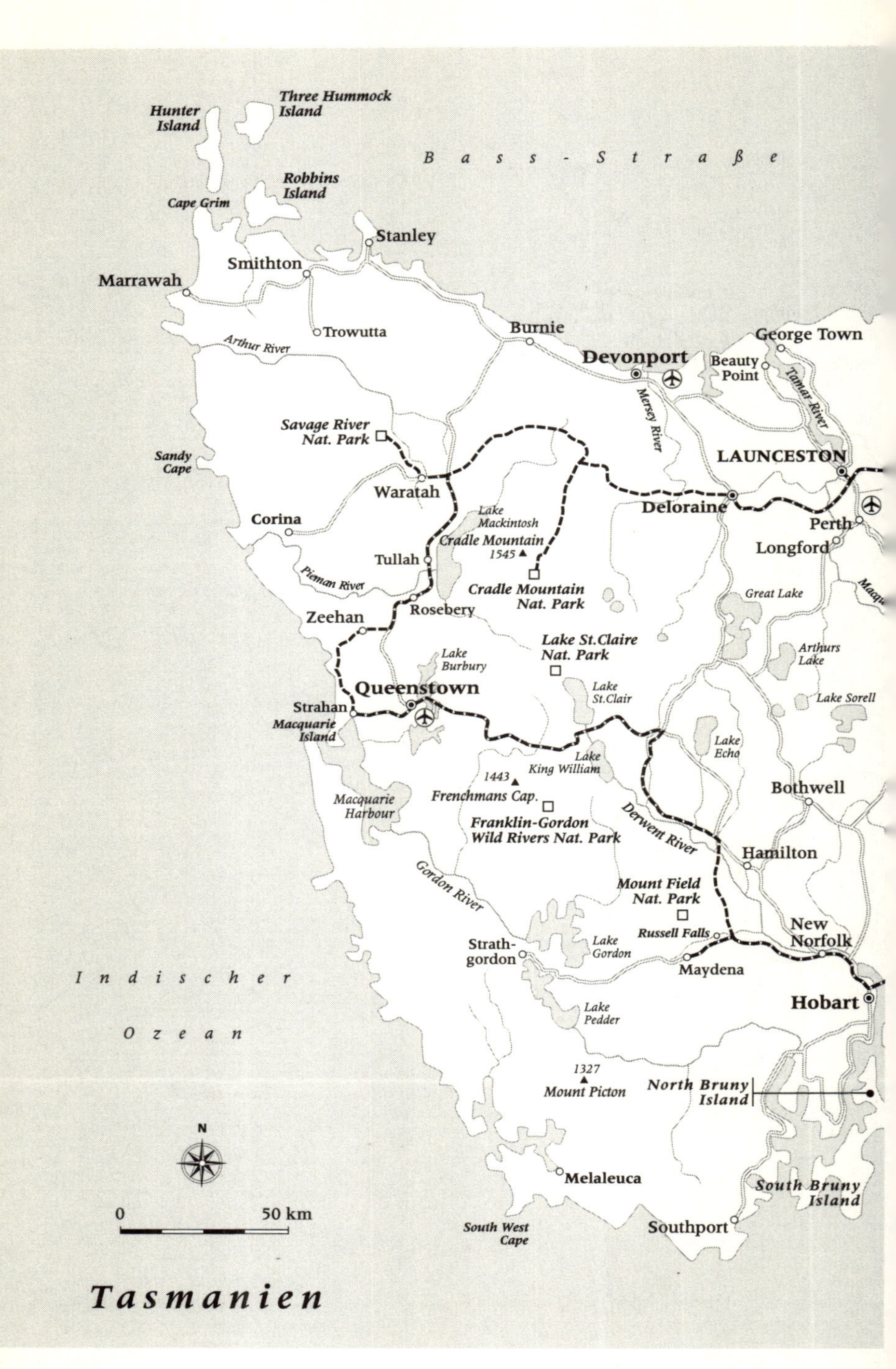
Three Hummock Island
Hunter Island
Bass - Straße
Robbins Island
Cape Grim
Stanley
Smithton
Marrawah
Trowutta
Arthur River
Burnie
Devonport
George Town
Beauty Point
Tamar River
Mersey River
Savage River Nat. Park
Sandy Cape
LAUNCESTON
Waratah
Deloraine
Corina
Lake Mackintosh
Perth
Cradle Mountain
1545
Longford
Tullah
Pieman River
Cradle Mountain Nat. Park
Great Lake
Zeehan
Rosebery
Lake St.Claire Nat. Park
Lake Burbury
Arthurs Lake
Queenstown
Lake St.Clair
Strahan
Lake Sorell
Macquarie Island
Lake Echo
Lake King William
1443
Bothwell
Frenchmans Cap.
Macquarie Harbour
Franklin-Gordon Wild Rivers Nat. Park
Derwent River
Hamilton
Gordon River
Mount Field Nat. Park
New Norfolk
Russell Falls
Strath-gordon
Lake Gordon
Maydena
Indischer Ozean
Hobart
Lake Pedder
1327
Mount Picton
North Bruny Island
N
Melaleuca
South Bruny Island
0
50 km
South West Cape
Southport

Tasmanien

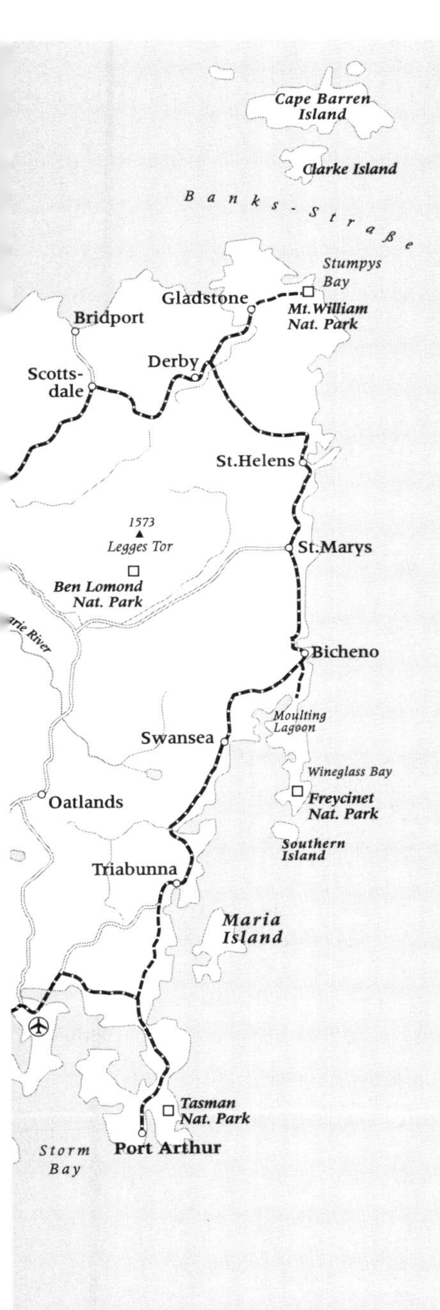
Cape Barren Island
Clarke Island
Banks-Straße
Stumpys Bay
Gladstone
Mt. William Nat. Park
Bridport
Scotts-dale
Derby
St.Helens
1573
Legges Tor
St.Marys
Ben Lomond Nat. Park
Bicheno
Moulting Lagoon
Swansea
Wineglass Bay
Oatlands
Freycinet Nat. Park
Southern Island
Triabunna
Maria Island
Tasman Nat. Park
Storm Bay
Port Arthur

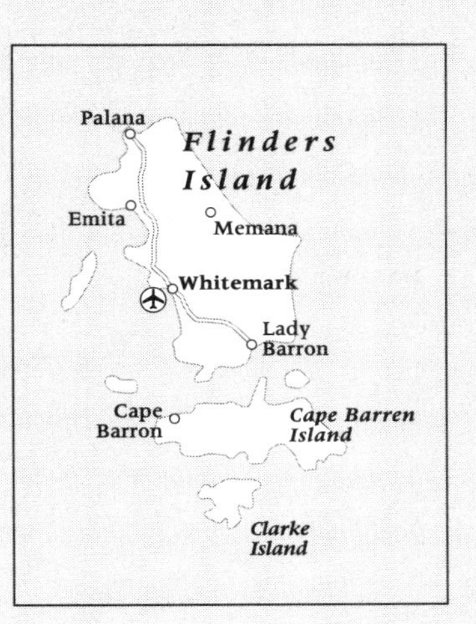
Palana
Flinders Island
Emita
Memana
Whitemark
Lady Barron
Cape Barron
Cape Barren Island
Clarke Island

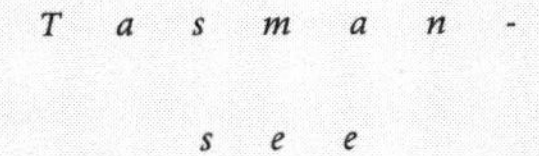
Tasman-see

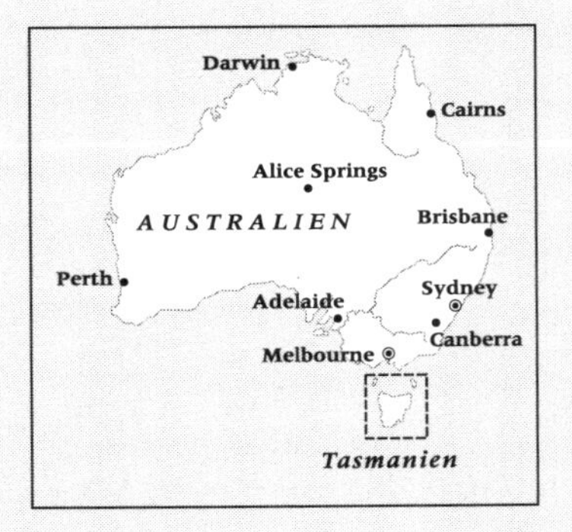
Darwin
Cairns
Alice Springs
AUSTRALIEN
Brisbane
Perth
Sydney
Adelaide
Canberra
Melbourne
Tasmanien

Suchen wir nicht alle nach verlorenen Paradiesen oder wenigstens nach der Erinnerung daran?

Earth and God and man
Is nothing
Until they fuse
And become a total sum of something
Together fuse to conciousness of all

KEVIN GILBERT*

*Übersetzungen der englischen Zitate Seite 185 f.

Vorwort

Es gibt keine Paradiese auf Erden, und es gibt sie doch. So paradox es klingen mag, für mich ist es genau so. Die irdischen Paradiese sind kein Dauerzustand. Es gibt Paradies-Augenblicke, manchmal sogar Stunden, selten auch Tage. Es sind die Augenblicke, in denen wir ein Gefühl von Verbundenheit mit der Erde entwickeln. Das kann ein bewusster Atemzug sein, der Anblick einer Blume, eines Tiers, einer Wolke oder einer unberührten Landschaft. In unserer systematisch durchzivilisierten Welt hängen Paradiesvorstellungen meist mit unberührter Natur zusammen oder zumindest mit Erinnerungen an Ursprünglichkeit.

Das war nicht immer so. Als die Wildnis noch beherrschend war, bedeutete sie für Europäer häufig das Gegenteil von Paradies, jedenfalls für die Eroberer ferner Kontinente.

Sie hatten die Wildnis des europäischen Kontinents bereits besiegt, betrachteten Urwälder eher als bedrohliche Herausforderung oder Hindernisse auf dem Weg zu den Schätzen der Erde.

Ganz allmählich entsteht ein anderes Bewusstsein. Viele Menschen begreifen, dass Wildnis ein unschätzbares Gut bedeutet, ein Refugium der Freiheit in einem allumfassenden Sinn. Aber die Gier nach den Schätzen der Erde ist nicht kleiner geworden, deshalb ist jede Form von Wildnis nur dort halbwegs sicher, wo sie keine Schätze birgt.

Wir haben in Tasmanien beide Seiten gefunden – die Liebe zur Wildnis und die Gier nach den Schätzen. Noch ist nicht entschieden, welche dieser beiden Kräfte gewinnen wird. Ich will wieder nach

Tasmanien, habe dort ein Wildnisvirus aufgeschnappt, nachdem ich meine Illusionen überwunden hatte.

Viele Paradies-Augenblicke haben wir auf unserer Reise erlebt und auch das Gegenteil – totale Brüche und Abstürze. Tasmanien wurde für uns zum Lehrstück über den Umgang mit unserem Planeten und mit den Menschen. Paul Mayalls Bilder sind nicht als touristische Informationen gedacht, sondern versuchen einige der Paradies-Augenblicke einzufangen und einige der Schrecken. Ich habe mir die literarische Freiheit genommen, den Beginn der Reise zu verändern und meine Arbeit bei der Sommerschule des Goethe-Instituts in Hobart auszulassen.

B.V.

In Tasmania

»It's so like England«, said our shipboard friend.
»You'll feel quite at home.« Here at the earth's end
a sudden sweep of woodland to the sea
flings on the heart some surging memory
of Dorset or of Devonshire.

MARGARET SCOTT

»Nein«, widersprach ich meinen australischen Freunden, die mir Ähnliches einreden wollten, wie der *shipboard friend* der englischen Dichterin Margaret Scott, als sie sich auf den Weg nach Tasmanien machte. »Sagt so etwas nicht! Ich *will* nicht, dass Tasmanien aussieht wie England. Ich finde diese Vorstellung geradezu empörend.«

»Aber Tassie *ist* wie England. Wenn uns Australiern der Weg nach Europa zu weit oder zu teuer ist, dann machen wir Urlaub in Tassie. Es ist wirklich sehr europäisch.«

Schon der Begriff Tassie ließ mich schaudern; es klang domestiziert, niedlich, einverleibt – nach Spitzendeckchen, heiler Welt. So als hielten sich die Australier ihre südlichste Insel wie ein Schoßhündchen oder Heimatmuseum, ein Miniaturengland zum Auftanken der Seele, wenn das Festland zu groß wird, zu heiß, zu weit weg vom Rest der Welt. Besonders aber von England. *Paradise lost* ...

»Tassie ist kühler, es regnet viel ... Das Wetter ist eigentlich schrecklich, genau wie in England. Packt euch unbedingt dicke Pullover ein, Regenjacken und vernünftige Schuhe.«

Ja, natürlich. Wir wissen, dass Engländer eine Vorliebe für Tweed, regenfeste Umhänge und »vernünftige« Schuhe haben. Doch welcher Westeuropäer verbindet schon das englische Wetter mit Tasmanien, von dem ohnehin kaum jemand weiß, wo es eigentlich liegt. Irgendwo südlich von Australien, Richtung Südpol, so ungefähr. Niemand rechnet damit, dass Flugzeuge nur wenig mehr als eine Stunde benötigen, um von Melbourne nach Hobart, der Hauptstadt von Tasmanien, zu gelangen – für australische Verhältnisse eine Art Vorort von Melbourne. Absolut desillusionierend. Aber vermutlich sollte man sich nie eine bestimmte Vorstellung machen, weder von Menschen noch von Ländern oder Dingen. Aber natürlich machen wir uns alle Vorstellungen, und obwohl ich Australien ziemlich gut kenne – schließlich bin ich sogar mit einem Australier verheiratet –, hatte ich eine äußerst ungenaue, aber wunderbare Vision von diesem Tasmanien: eine der einsamsten Regionen der Welt, umtost von wilden Stürmen, bedeckt von undurchdringlichen Urwäldern, bewohnt von Tasmanischen Teufeln, dem Phantom des Beutelwolfs, auch Tasmanischer Tiger genannt, und von ein paar Nachkommen der Sträflinge, die im 19. Jahrhundert von den Engländern an dieses Ende der Erde verbannt wurden. Daneben gab es noch eine dunklere Version: Diese Insel mit dem liebevollen Spitznamen »Tassie« war gleichzeitig Ort eines brutalen Völkermords. Keiner der ursprünglichen Bewohner hat die Kolonisierung überlebt. Es handelte sich sozusagen um die vollkommene Aneignung.

Ich hatte beschlossen, keine Reiseführer zu studieren, keine Informationen zu hamstern, um Sehenswürdigkeiten abzuhaken. Ich wollte Tasmanien auf mich wirken lassen: erst schauen, dann lesen. Die Bilder in meinem Kopf mit der Wirklichkeit vergleichen.

Im Flugzeug überprüfte ich deshalb meine gesammelten Vorurteile und Erwartungen. Zeit dazu hatte ich im Überfluss, denn es gibt wohl kaum einen längeren Flug als den von Europa nach Tasmanien. Die Erde hatte sich in ein weiches Schaffell gehüllt – auch das passte zu Tasmanien: dieser endlose Flug über Wolkenteppiche, die von einer kosmischen Hand zerzaust schienen.

Es ist ja nun so, dass man in Europa nicht besonders viel über Australien erfährt. Die meisten Meldungen finden sich im Sportteil und betreffen vorwiegend Tennis und Formel 1. Regelmäßig wird außerdem über Buschfeuer und Überschwemmungen berichtet, seltener über verloren gegangene Touristen und Krokodil- oder Haiattacken. Selbst die Teilnahme Australiens am Krieg gegen den Irak lief irgendwie sehr leise ab, kaum ernsthaft wahrgenommen von der Weltöffentlichkeit.

Vermutlich weil die Wolken mich an Schaffelle erinnerten, fiel mir ein wissenschaftliches Projekt in Australien ein, das möglicherweise weltweite Bedeutung gewinnen wird, auch wenn es ein wenig absurd klingt. Man hat entdeckt, dass die Millionen australischer und neuseeländischer Schafe enorme Mengen an Treibhausgasen in die Atmosphäre rülpsen (und vermutlich auch furzen). Kängurus, ebenfalls reine Pflanzenfresser, tun das hingegen nicht, dank bestimmter Enzyme. Nun versucht man, die Enzyme der Kängurus auf Schafe zu übertragen, die nach ersten Versuchen tatsächlich nicht mehr rülpsen. Vielleicht besteht ja doch noch ein wenig Hoffnung für unser Klima.

Über Tasmanien hört man noch weniger als über das Festland, jedenfalls auf den üblichen Nachrichtenkanälen, doch auf halbem Weg von Singapur nach Melbourne tauchte verschwommen ein politischer Konflikt aus den 80er Jahren in meinem Bewusstsein auf. Damals wollte die tasmanische Landesregierung Homosexualität unter Strafe stellen, wurde aber von der Zentralregierung in Canberra daran gehindert. Ich erinnerte mich an hämische Kommentare in liberalen europäischen Zeitungen, die von Rückfällen ins Mittelalter oder jedenfalls in die Zeiten der Sträflingskolonie sprachen, von intoleranten Hinterwäldlern und so weiter.

Je länger der Flug dauerte, desto unklarer wurden meine Gedanken. Schlafmangel führt bekanntlich zu Bewusstseinstrübung, und in meinem Bewusstsein vermischten sich tapfere Umweltschützer, die sich gegen die Abholzung der Urwälder wehrten, mit dem Schicksal der Mutter der Ururgroßmutter meines Mannes, die einst als Strafgefangene von London nach Tasmanien verschifft wurde.

Sie hieß Mary Martin, und sie stammte wohl aus London. Sie muss eine junge Frau gewesen sein, als sie in Tasmanien ankam – verzweifelt und voll Angst, trotzdem froh, am Leben zu sein. Man hatte sie zum Tode verurteilt, nicht wegen Mordes, sondern wegen Diebstahls. Was hatte sie wohl gestohlen, um so hart bestraft zu werden? Die Kronjuwelen? Das Vermögen ihres Liebhabers, der zu der Familie der Welsh Lloyds gehörte, die offensichtlich wohlhabend war?

Oder war das Todesurteil noch gültig? Fürchtete sie, in diesem fremden Land hingerichtet zu werden? Hatte sie Kinder in London zurücklassen müssen oder war sie sogar schwanger? Jedenfalls steht fest, dass sie am 7. Juni 1843 in Hamilton, Tasmanien, ein Mädchen namens Jane Lloyd zur Welt brachte, die spätere Urgroßmutter meines Mannes.

Das Todesurteil gegen Mary Martin wurde in lebenslängliche Verbannung umgewandelt. Das bedeutete, dass sie nie mehr nach England zurück durfte. Mary war Schullehrerin. Hat sie jemals wieder in ihrem Beruf gearbeitet? Unwahrscheinlich für eine ehemals zum Tode Verurteilte, obwohl in Tasmanien damals sicher Mangel an Lehrern herrschte.

Weibliche *convicts*, also Strafgefangene, mussten als Hausangestellte und Mägde arbeiten. Schnell hatte sich eine Upperclass ihre Villen gebaut – all die höheren Offiziere und Verwalter der Kolonialmacht benötigten billiges Dienstpersonal.

Oder hat Mary die ersten Jahre im Gefängnis verbracht? Es gab viele Frauen, die von den Dienstherren dorthin zurückgeschickt wurden, weil sie nicht zu deren Zufriedenheit arbeiteten oder sich gegen die schlechte Behandlung auflehnten. Dahinter konnte sich verbergen, dass Frauen sich weigerten, das Bett mit ihren Dienstherren zu teilen. Doch offiziell wurde das natürlich verschwiegen. Angeblich durften Frauen im Gegensatz zu den männlichen Gefangenen nicht ausgepeitscht oder geschlagen werden; stattdessen baute man Arbeitslager für sie, so genannte *factories*. Dort mussten sie waschen, nähen, flicken, Wolle spinnen.

Solche Factories für »gefallene Frauen und deren Töchter« gab es übrigens bis in die 90er Jahre des 20. Jahrhunderts in der demokratischen Republik Irland – dort sollten sie auf den rechten Weg zurückgeführt werden – von der katholischen Kirche und mit Hilfe von Sklavenarbeit und Demütigungen aller Art.

Die Frauen in den tasmanischen Factories entwickelten ihre eigene Form des Widerstands, gewaltfrei und nicht ohne Witz. Als ich davon las, fühlte ich mich an die Studentenrevolte der 68er erinnert. So wird berichtet, dass die Frauen den anglikanischen Priester William Bedford »niederhusteten«, als er ihnen predigen wollte. Und als die Aufseher Ruhe forderten, drehten sie ihnen die Hinterteile zu und klatschten kräftig drauf.

War Mary eine von diesen »Unverbesserlichen«? Eine, die nicht einfach aufgab und sich demütigen ließ? Oder passte sie sich an, um schnell entlassen zu werden, um wenigstens ein Stück Freiheit in der Fremde zu leben?

Irgendwann muss sie freigekommen sein, denn sie heiratete zum zweiten Mal – einen Leidensgenossen, der auf Bewährung entlassen wurde, einen *ticket-of-leaver*. Außer seinem Familiennamen Owens ist über ihn nichts bekannt. Auch das Schicksal von Mary verliert sich nach dieser Information im Familienstammbuch im Dunkeln – als wäre sie mit Owens davongegangen und der Nebel, der in Tasmanien ganz plötzlich hereinbrechen kann, hätte sie verschluckt. Oder die Wälder, aus denen Unzählige nicht zurückgekehrt sind.

Als wir endlich in Melbourne landeten, erwartete uns jäh die Realität des 21. Jahrhunderts: Ein Zollbeamter wollte uns nicht mit unserer Fotoausrüstung ins Land lassen. Fast zwei Stunden brauchten Paul und ich, um ihn davon zu überzeugen, dass wir nicht beabsichtigten, die Kameras, Objektive, Filme und Stative zu verkaufen, sondern dass es sich um Arbeitsgerät handelte, um Werkzeug sozusagen.

»Trotzdem«, sagte der Beamte und starrte düster auf Pauls Ausrüstung. »Sie kommen in dieses Land, fotografieren und machen Geld damit. Daran ist etwas faul.«

»Dieses Land ist mein Land«, widersprach Paul. »Ich bin australischer Staatsbürger. Ich mache mit den Fotos Werbung für Australien.«

»Aber Sie machen auch Geld damit – woanders. Australien hat gar nichts davon, jedenfalls finanziell betrachtet. Und wer garantiert mir, dass Sie nicht doch eine von den Kameras verkaufen?«

»Ich. Weil ich die Kameras brauche.«

»Alle drei?«

»Ja, alle drei.«

Der Zollbeamte kniff leicht die Augen zusammen und dachte nach. Es war spät, fast elf Uhr nachts. Alle anderen Passagiere, die mit uns aus Singapur gekommen waren, lagen vermutlich längst im Bett oder saßen gemütlich in einem Restaurant.

»Es tut mir Leid, aber ich kann das nicht entscheiden. Ich werde mit meinem Vorgesetzten reden. Warten Sie hier!«

»Ich habe es geahnt«, murmelte Paul. »Nein, ich wusste es. In allen anderen Ländern der Welt nehmen sie die Kameras auseinander, weil sie Sprengstoff oder Drogen suchen. In meinem Land interessiert so was nicht – es geht nur darum, dass man die Dinger nicht versilbert. Irgendwie seltsam, nicht?«

Resigniert verstaute er seine Ausrüstung wieder in den Fototaschen. Dann setzten wir uns auf die Koffer und warteten. Es war sehr still in der großen Halle. Ganz am anderen Ende ging eine Frau vorbei, verschwand lautlos über eine Rolltreppe nach oben. Sonst rührte sich nichts.

Nach zwanzig Minuten kehrte unser Zollbeamter zurück, noch düsterer als zuvor. »Sie haben Glück«, sagte er, aber es klang eher nach dem Gegenteil. »Diesmal können Sie das Zeug so mitnehmen, hat der Chef gesagt. Aber nächstes Mal müssen Sie von Europa aus einen Bevollmächtigten in Australien benachrichtigen, der eine genaue Liste der einzuführenden Gegenstände aufstellt und bei uns einreicht. Wir werden Ihren Namen im Computer vermerken. Ich wünsche Ihnen einen angenehmen Aufenthalt.«

Er drehte sich um und verschwand hinter einer der Türen an der langen Hallenwand. Sprachlos blieben wir zurück.

Natürlich bekamen wir im Flughafenhotel nichts mehr zu essen, obwohl es sich um eine internationale Nobeladresse handelte. Wir schleppten uns also wieder zum Terminal zurück und schätzten uns glücklich, bei Burger King ein paar Pommes und trockene Frikadellen in Schaumbrot zu bekommen.

»Willkommen in Australien«, prustete Paul. »Es ist ... es ist eigentlich wie überall, findest du nicht?«

Natürlich war es wie überall. Niemand gibt sich mehr der Illusion hin, anhand von Flughäfen den spezifischen Standort oder Kontinent bestimmen zu können, in dem man sich gerade aufhält. Überall ist es »wie überall«, besser kann man es nicht ausdrücken. Eine Nacht im Hilton mit Blick auf die Start- und Landebahnen, Spielzeugflieger rollten vor dem Fenster vorbei; wenn ich die Hand hob und die Finger spreizte, passten sie zwischen Daumen und Zeigefinger. Eine Stadtautobahn, mit Autotypen »wie überall«, tief unter uns. Das Zimmer von jener neutralen Eleganz wie in allen besseren Hotels der Welt, und natürlich ist es ein CNN-Partnerhotel, man kann also den amerikanischen Informationssender empfangen – und damit sind auch die Informationen »wie überall«.

Aber vielleicht ist es gut so, wenn wir uns über Vertrautes dem Fremden nähern. Es lässt der Seele wenigstens ein bisschen Raum zum Ankommen, in einer Zeit, da riesige Entfernungen in atemberaubendem Tempo überwunden werden.

Uns ließ es Zeit, zu lachen, Zeit, die Absurdität der modernen Welt auszukosten – unsere Art damit fertig zu werden, dass wir plötzlich wieder am anderen Ende der Welt angekommen waren, körperlich zumindest.

Trotzdem stimmte es uns froh, den Flug nach Tasmanien gleich für den nächsten Morgen gebucht zu haben. Natürlich, wir hätten nicht fliegen, sondern uns den wilden Wassern der Bass Strait ausliefern sollen – wie die ersten Entdecker. Langsam wären die Felsen dann aus den Fluten aufgetaucht, die Buchten und Strände, die Gebirge am

Horizont. Aber vermutlich wären wir seekrank geworden, deshalb stiegen wir doch lieber in den kleinen Qantas-Jet und ließen uns nach Hobart katapultieren.

Und weil wir durch eine Wattewand in die Sonne flogen, wieder nichts als zerzauste Schaffelle zu sehen bekamen, studierte ich die erste australische Tageszeitung, die ich zu fassen bekam. Es war die Zeit wilder politischer Skandale; Asylbewerber litten in Lagern, die Gefängnissen glichen, irgendwo in der Wüste und besonders im Militärstützpunkt Woomera. Hungerstreiks, zugenähte Münder, Horrorgerüchte, Demonstranten vor den Toren, Befreiungsversuche. Mir kam es vor, als wäre die Zeit zurückgedreht worden, aber wahrscheinlich inszenierte das Leben nur neue Variationen eines uralten Themas. *Paradise lost.*

Schon hatten wir zur Landung angesetzt, tauchten durch Wolkenfetzen, erhaschten hier und dort einen Blick auf dunkle Wälder, ausgebleichte Wiesen. Unsere Maschine hoppelte über Luftlöcher, sackte einige Male so heftig durch, dass ein mehrstimmiger, seltsam sanfter Aufschrei, eine Art lautes Stöhnen, durch die Reihen der Passagiere ging; danach setzten wir auf, sahen Bäume vorüberrasen, große weiße Vögel, kamen endlich vor einem niedrigen Gebäude zum Stehen.

Während wir uns in die Schlange der zum Ausstieg Drängenden einreihten, hatte ich Zeit, meine Mitreisenden zu studieren. Viele waren jung und schleppten große Rucksäcke – *backpacker* auf dem Weg zu den Abenteuerwanderungen in Tasmanien; andere sahen aus wie einfache Bauern, ein paar wie Geschäftsleute, außerdem gab es einige asiatische Touristen und eine kleine Gruppe älterer Paare, die offensichtlich gemeinsam Urlaub machen wollten. Es war eine angenehme Ansammlung von Menschen, freundlich, irgendwie bodenständig, keine Kunden von Luxushotels.

Endlich traten wir auf die Gangway. Genau in diesem Augenblick teilten sich die Wolken, blendendes Licht umfing uns, und dann folgte der unvergesslichste Atemzug meines Lebens. Wie kühles klares Wasser floss die Luft in meine Lungen – ich atmete ein und aus, ein und aus, ungläubig, wandte mich dann Paul zu, sah ihn ebenfalls sehr bewusst atmen, und dann sagten wir abwechselnd: »Spürst du das? Diese Luft? Das ist die köstlichste Luft der Welt.«

Dabei war dieser Atemzug nur ein Vorgeschmack auf das, was uns später erwartete. Immerhin standen wir auf der Gangway eines Flugzeugs, das gerade gelandet war – die Luft konnte gar nicht so sauber sein, wie sie uns vorkam. Doch es war der Anfang einer Liebesgeschichte zwischen uns und der tasmanischen Luft. Wir haben nie aufgehört, darüber zu staunen.

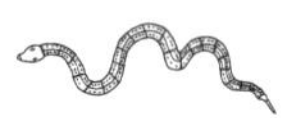

Der Taxifahrer behandelte uns freundlich, aber ein wenig herablassend, denn wir gehörten nicht zu den Privilegierten, die »an diesem besten Ort auf der Welt« wohnten. Er betonte das mehrmals auf der Fahrt nach Hobart: »Definitely the best place in the dammned world.«

Vor allem nachdem er erfahren hatte, dass wir aus Deutschland kamen.

»Warum?«

»Warum?« Mitten auf der breiten Zubringerstraße drehte er sich nach mir um, warf mir einen langen, strengen Blick zu.

»Es stimmt einfach alles. Sie werden es sehen. Ich habe früher in Melbourne gewohnt, ich weiß, wovon ich rede. Gehe jedes Wochenende fischen oder segeln. Man ist weit genug weg von dem ganzen Gewusel, wenn Sie wissen, was ich meine.«

»Ja«, antwortete ich, »ich glaube, ich weiß, was Sie meinen.«

Er schnaufte ein wenig – es konnte Zustimmung oder Verachtung bedeuten, vermutlich Letzteres. Trotzdem blieb er freundlich.

»Wetten, dass Sie nie mehr weg wollen, wenn Sie das hier gesehen haben?«

Ich schaute aus dem Fenster. »Das hier« bestand zunächst aus einer breiten Stadtautobahn, die durch Vororte führte, und unterschied sich nicht sonderlich vom Rest Australiens, war »wie überall«. Unvermutet aber taten sich die flachen Hügel auf und gaben den Blick auf das alte Hobart und seinen unglaublichen Berg frei. Beinahe drohend thronte er über der Stadt, der Gipfel in einen dunklen Wolkenmantel gehüllt, der an Rauch erinnerte und an Vulkane.

»Mount Wellington«, sagte der Taxifahrer, als bedürfte es keiner anderen Erklärung. Es klang bedeutungsschwer, wie Fudschijama oder Mount Everest.

Die Stadtautobahn führte uns auf eine riesige Brücke, die den Fluss Derwent überspannt und die tasmanische Halbinsel mit Hobart verbindet.

»Vor ein paar Jahren ist sie zusammengekracht.« Unser Fahrer wies mit dem Kopf zur Brücke hinaus.

»Ich erinnere mich«, sagte Paul. »War da nicht ein betrunkener Kapitän beteiligt?«

»Sturzbesoffen war der«, brummte der Fahrer. »Ich glaub, es war 1975. Hat mit seinem Schiff zwei von den Stützpfeilern gerammt. Ist beiden nicht gut bekommen, weder der Brücke noch dem Schiff. Hundertsiebenundzwanzig Meter Brücke sind in den Fluss gefallen. Haben vier Autos mitgenommen. Paar Leute konnten ans Ufer schwimmen, aber fünf starben. Außerdem hat's noch sieben Seeleute erwischt. Schlimm!« Er atmete heftig ein, als würde er nach Luft schnappen. »Aber es war trotzdem nicht schlecht, denn danach haben sie die Brücke so hoch gebaut, dass selbst besoffene Kapitäne durchfahren können.«

Unter uns zogen Segelboote über die Wellen, wie Scharen von Wasservögeln. Der Derwent hat an seiner Mündung wohl einen der schönsten Naturhäfen der Erde geschaffen, breit wie eine Meeresbucht, eingefasst von ausgefransten Halbinseln, die sich schützend zwischen die stürmische Tasmansee und die Stadt Hobart schieben.

An der Hafenmole überragte ein schneeweißes Passagierschiff die unzähligen Segelboote und Fischkutter: die *Spirit of Tasmania*. Dahinter alte Lagerhäuser aus hellem Sandstein.

»Das ist Salamanca Market.« Der Fahrer reckte das Kinn in Richtung der hohen Gebäude.

Salamanca? Wer hat hier die Erinnerung an sein fernes Paradies verewigt? Ehe wir darüber nachdenken konnten, waren wir vorüber. Erst ankommen, die Füße auf die Erde setzen. Viel später fand eine Freundin heraus, dass es vermutlich Soldaten aus den Napoleonischen Kriegen waren, die diesen Namen aussuchten. Kein Paradies war gemeint, sondern eine Schlacht.

Das Licht war so stark, dass ich ständig die Augen zukniff. Hartes, blendendes Licht, zumindest in der Tagesmitte. Ein Park mit hohen alten Bäumen, Villen im Kolonialstil, georgianisch. Plötzlich lag das Stadtzentrum hinter uns, wir fuhren langsamer – durch stille, schmale Straßen, die von kleinen Häusern in von Blumen überquellenden Gärten gesäumt waren. Rosenduft drang durch die Wagenfenster herein. Während wir uns gegenseitig begeistert auf das Blütenmeer aufmerksam machten, zuckte der Fahrer die Schultern und grinste.

»Hab ich's nicht gesagt? Der beste Ort auf dieser Welt.«

Das Hotel lag ebenfalls in einem blühenden Garten. Sofa und Sessel in unserem Zimmer waren mit dunkelrotem Samt bezogen, über dem Bett lag eine Spitzendecke, und im Fernsehen lief Kricket.

Später streiften wir zu Fuß durch die Straßen, bewunderten die kleinen Holzhäuser in Hellblau, Weiß und Gelb. Glyzinien wucherten über die Dächer, orangerote Wasserfälle von Kapuzinerkresse ergossen sich über Hauswände und Zäune, blaue Lilien, Margeriten, Dahlien, Prachtwinden – und dann die Rosen. Riesige duftende englische Rosen, überall. Dieser Spaziergang durch die Vororte Hobarts glich einer Aromatherapie. Alle Straßen führten abwärts zum Derwent River oder hinauf Richtung Mount Wellington. Wir kletterten hügelauf, hügelab, suchten uns spielerisch Häuser aus, die wir sofort kaufen wollten, solche mit kleinen Veranden zum Fluss, auf denen ein Schaukelstuhl im leichten Wind schwang und eine Katze auf dem Tisch lag.

Immer wieder grüßten uns freundliche Menschen, die gerade im Garten arbeiteten, und allmählich begannen wir daran zu glauben, dass wir »am besten Platz auf der Welt« gelandet waren.

Wir liefen einfach immer weiter, bis wir steile Stufen zum Salamanca-Markt fanden, streiften ungläubig durch die Kunstgalerien in den alten Lagerhäusern und fragten uns, wer hier, am Ende der Welt, riesige Masken aus Afrika oder Neuguinea kaufen mochte, all die Ölgemälde und Aquarelle, Skulpturen und Wandteppiche.

»Ach, das ist ganz einfach«, erklärte uns eine freundliche, elegante Dame, die sehr, wirklich sehr englisch aussah. »Hier an der Küste lassen sich viele ältere Leute vom Festland nieder. Wissen Sie, das Klima ist angenehmer hier und die Immobilien nicht besonders teuer. Diese Leute haben Zeit und Geld für Kunst. Außerdem leben viele Künstler hier. Richtige und, sagen wir, Lebenskünstler.« Sie lachte.

Doch als wir uns in einem Straßencafé an dem leeren Marktplatz niederließen, Cappuccino tranken, der in nichts dem italienischen Original nachstand, las ich noch einmal das Gedicht von Margaret Scott, dessen erste Zeilen ich an den Anfang dieses Buches gestellt habe.

Ganz schnell wischt sie die angekündigte Idylle fort, die Erinnerung an Devonshire und Dorset, und schreibt:

»It's so like England«, said our shipboard friend.
»You'll feel quite at home.« Here at the earth's end
a sudden sweep of woodland to the sea
flings on the heart some surging memory
of Dorset or of Devonshire.
But here,
above the trees' familiar mass, one spare
exotic scarecrow gum clutches the sky,
strange as the cold face of a passer-by
turned at being mistaken for a friend.
There are no seasons here. Only no end
of days which make of time a beating drum,

calling some ageless, ruthless brute to come
in nightmare from a wilderness of waves
and stalk this place of unremembered graves.

Wie um ihre Worte zu untersteichen, blätterte ein kalter Windstoß von irgendwoher die Seiten um, türmten sich plötzlich schwarze Wolken auf, verschlangen den großen Berg und mit ihm die Sonne. Später erfuhren wir, dass sich in Tasmanien das Wetter innerhalb von Minuten ändern kann.

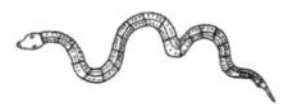

Die Schlange glitt davon,
doch ihre Augen
blieben im Gras
KYOSHI

Am nächsten Morgen mieteten wir einen Wagen und machten uns auf den Weg zum Gipfel des Mount Wellington. Der Name eines britischen Helden, wie eine Flagge siegreich den Kolonien aufgepflanzt. Feldmarschall Duke Wellington, der Held von Waterloo, ist wohl hundert Mal verewigt in Australien und Neuseeland, in Südafrika. Alle Kolonialmächte haben das so gemacht, nicht nur die Briten. Vermutlich hatte dieser mächtige Berg einst einen anderen Namen, doch da Sprache und Existenz der ursprünglichen Einwohner ausgelöscht wurden, wird niemand ihn je erfahren.

Während unser Auto die steile, kurvenreiche Straße hinaufkletterte, fiel mir eine Anekdote zu dieser Art der Namensgebung ein. Im Pilbara im Nordwesten Australiens wurde ein hoher Berg Mount Nameless getauft, Berg ohne Namen. Jahrzehnte später fragte man endlich die Aborigines der Gegend, ob der Berg einen Namen habe. »Natürlich«, antworteten die. »Aber es hat ja keiner danach gefragt.«

Die Ausläufer von Hobart zogen sich weit hinauf, begleiteten die Straße bis zu einer Höhe von vierhundert Metern. Versteckt lagen die Häuser im dichten Buschwald. In schattigen Einschnitten tauchten die ersten Baumfarne auf.

Diese uralten Pflanzen haben stets eine eigenartige Wirkung auf mich, scheinen die Zeit rückwärts laufen zu lassen. Lösen Paradiesvorstellungen in mir aus, das Gefühl, als hätte ich immer unter Baumfarnen gewohnt. Dabei gibt es sie nicht in Mitteleuropa. Wie alte Freunde kommen sie mir vor mit ihren haarigen, faserigen Stämmen und dem zarten Blätterdach.

Wir hielten an, und ich begrüßte sie, wie alte Freunde eben. Sonnenlicht ließ ihre hellgrünen Fächerblätter aufleuchten, und sie drängten sich in dem feuchten Tal zusammen: fröhliche Kobolde mit Straußenfedern auf dem Kopf.

Kurz darauf blieben die hohen Bäume zurück. Unzählige Quellen sprudelten aus dem dichten Gestrüpp von Moos und Heidekraut, bildeten kleine Wasserfälle, Rinnsale, liefen auf die Straße – klares, köstliches Wasser. Wir trafen Einheimische, die es in Kanistern auffingen, um es nach Hause zu tragen.

»Gibt kein besseres«, sagten sie. »Der Tee aus diesem Wasser ist so gut, dass Sie ihn nie vergessen werden.«

Ab etwa tausend Meter Höhe führte die Straße durch eine wilde Felslandschaft. Es sah aus, als hätten Riesen mit gewaltigen Steinbrocken um sich geworfen. Knochenweiße Stämme und Äste toter Bäume ragten dazwischen auf – Eukalyptusbäume, die der Härte des Klimas hier oben nicht standhalten konnten, nach jahrelangem Überlebenskampf aufgegeben hatten und zu einem geisterhaften Friedhof wurden, auf dem nur noch Flechten, Moose und ein paar Heidekrautbüsche am Leben blieben.

Hinter diesem breiten Schutzwall aus Felsbrocken, einer Erinnerung an die letzte Eiszeit, öffnete sich eine weite Hochebene, die den Blick auf unzählige Berggipfel freigab – fast wie in den Alpen, wenn auf der anderen Seite nicht das Meer gewesen wäre, schwarzgrün bis zum Horizont, das eiskalte Winde zu uns heraufschickte. Weit weg regnete es aus einer graublauen Wolke, gleich daneben schien die Sonne auf hohe Wellen mit weißen Kronen.

Wir zogen warme Jacken an und folgten dem schmalen Pfad durch das federnde Heidekraut und die Hochmoore, waren nach wenigen Minuten allein. Auf dem Parkplatz standen zwar ein paar Autos, doch ihre Besitzer befanden sich längst auf einem längeren *bushwalk* oder drängten sich frierend am Aussichtspunkt zusammen. Am südlichen Ende der sanft abfallenden Hochebene türmten sich seltsam symmetrische Säulen. Staunend liefen wir auf sie zu, liefen eine halbe Stunde, eine Stunde, obwohl sie zum Greifen nahe schienen. Wieder war die Luft von dieser unbeschreiblichen Frische, aber eisig kalt. Der Wind kroch mir bis in die Knochen, obwohl ich eine dicke Jacke anhatte. Er schien direkt von der Antarktis zu kommen.

Ich suchte Schutz zwischen den Steinsäulen, die den Stufen eines surrealen Tempels glichen, gigantisch wie der Borobudur in Java, voll rätselhafter Gänge und Treppen. Aber der Tempel eines vergessenen Gottes, einer ohne Eingang, unzugänglich für Fremde.

Ich schaute auf die vielen kleinen Inseln hinunter, auf die Stadt Hobart und hinaus aufs Meer und fragte mich, ob auch Mary Martin einst hier heraufgestiegen war, um übers Meer nach Osten zu schauen, dorthin, wo England liegt. Ob sie das Summen und Pfeifen des Windes in diesen seltsamen Felsen gehört hat? Ob sie jemals gedacht hat, dass diese Insel wie England ist?

Und ich dachte plötzlich, dass Tasmanien vielleicht an den Rändern wie England sein könnte, dort, wo die Menschen versucht haben, es zu England zu machen – so wie Australien an den Rändern westlich zivilisiert ist, englisch, europäisch, amerikanisch. Aber nur an den Rändern und nicht überall. Wer ins Innere, ins Outback vorstößt, findet Wildnis, Wüsten, eine unbehauste, gefährliche Welt.

»Ich war nie im Outback, und ich will auch nicht hin«, sagte mir einmal eine Freundin aus Melbourne. Mir kam ihre Bemerkung vor, als weigere sie sich, den wahren Kern ihres Landes wahrzunehmen.

Auf dem Rückweg schoss eine schwarze Schlange vor meinen Stiefeln über den Pfad. Ich zuckte zurück, prallte gegen Paul. Genau das war es, was die Freundin aus Melbourne meinte. Das jähe Aufblitzen von Gefahr, Erschrecken, das tief unter die Haut geht. Mein Herz raste, obwohl ich mich eigentlich nicht sehr vor Schlangen fürchte. Ich suchte mit den Augen den Weg ab. Doch die Schlange war längst fort.

Tausend Verstecke gab es in den Heidekrautfeldern. Auf knallgrünen Moospolstern schimmerten durchsichtige Tropfen wie Mondsteine; der letzte Regenschauer hatte sie zurückgelassen. Schwarze, geheimnisvolle Wasserlöcher wurden von den Wurzeln borstiger Zwergkiefern gesäumt. Aber dieser kalte Wind! Zu kalt zum Verweilen. Ich sehnte mich nach Wollhandschuhen, dabei sollte es doch Sommer sein in Tasmanien. Mit klammen Fingern hielt ich das Stativ fest, das ich über der Schulter trug.

Vor ein paar Jahren hatte ich gelesen, dass die Ureinwohner Tasmaniens keine Kleidung getragen haben. Nackt hielten sie diesem unberechenbaren Klima stand, diesen permanenten Winden. Vor der Kälte schützte sie nur eine dicke Schicht aus Seehundfett, vermischt mit Holzkohle. Sie müssen unglaublich widerstandsfähig gewesen sein, denn die Winter in Tasmanien sind kalt, im Bergland schneit es. Wie Adam und Eva bewohnten sie diese Insel – und vielleicht war es für sie ein Paradies. Ihr Pech war nur, dass die europäischen Eroberer bei ihrem Anblick nicht an Adam und Eva dachten, sondern an grausige schwarze Wilde.

Später im Wagen, der von der Sonne aufgewärmt war, las ich Paul die Geschichte der seltsamen Felsen auf dem Gipfel des Mount Wellington vor. »Orgelpfeifen« werden sie genannt, und bis zu 140 Millionen Jahre sind sie alt. Entstanden sind sie aus Magma, das zur Oberfläche stieg und horizontale Dolerit-Schichten bildete. 80 Millionen Jahre später bewegte sich die Erde sehr heftig, bekam Sprünge und Risse. An diesen Stellen drangen Doleritblöcke nach oben oder brachen ein. So bildeten sich Berge und Täler. Einige Felsblöcke erhoben sich Hunderte von Metern, wie der Mount Wellington. Tafelberge mit steilen Abbrüchen. Der erkaltende Dolerit bekam häufig vertikale Risse, und auf diese Weise entstand der Säulendolerit oder eben die »Orgelpfeifen«. Mir ging dieses Wort gegen den Strich, wie »Tassie«. Doch vielleicht muss man diese Domestizierungsversuche mit anderen Augen betrachten. Vielleicht war dieses Land zu wild für seine neuen europäischen Bewohner.

Matthew Flinders, der 1798 als Erster die gesamte Insel umsegelte, schrieb: »Die Berge sind von der schrecklichsten Düsternis, die man sich vorstellen kann. Das Auge streift voll Erstaunen und Entsetzen über diese Gipfel.« Vielleicht versuchten die Europäer, es mit Worten vertrauter, freundlicher zu machen. Orgelpfeifen sind weniger gefährlich als unbekannte Götter. Feldmarschall Wellington kann einen Berg bezwingen, schließlich hat er es bei Napoleon auch geschafft.

Wir verschoben unseren Besuch in Hobart auf später. Waren uns einig, dass es für uns eher etwas Mediterranes hatte und einen Hauch von Cornwall vielleicht. Doch wir waren nicht auf der Suche nach einem Ersatzeuropa, wir waren auf der Suche nach den Resten des ursprünglichen Tasmanien, des verlorenen geheimnisvollen, erschreckenden Paradieses. Deshalb fuhren wir ins Landesinnere, vorüber an der Cascade-Brauerei, die das beste Bier Australiens herstellt, vorüber an den Tentakeln der Stadt, die sich weit am Derwent River entlangtasten, ehe sie endlich Feldern und Weiden Platz machen, strohbleichen Weiden, die an schwarze Wälder grenzen. Schwarze und schwarzweiße Kühe grasten hier – schon wieder dieses Bild von Schleswig-Holstein oder Holland an der falschen Stelle.

Doch immerhin war es ein Holländer, der am 2. Dezember 1642 den ersten weißen Fuß auf diese Insel setzte. Nicht Abel Jensen Tasman, sondern sein Schiffszimmermann. Er schwamm mutig an Land und rammte die holländische Fahne in den Boden. So einfach ging das damals. Auch wenn die Fahne vermutlich schlaff herabhing, weil sie nass war, gehörte die Insel damit zunächst den Holländern und wurde Van-Diemens-Land getauft. Van Diemen war damals Gouverneur von

Niederländisch-Ostindien und hatte Tasman von Batavia, dem heutigen Jakarta, aus auf weitere Entdeckungsreisen entsandt.

Zum Glück aber waren die Holländer ausschließlich an Gewürzen und anderen Handelsobjekten interessiert. Van-Diemens-Land erschien ihnen offensichtlich ziemlich unergiebig, deshalb füllten sie ihre Wasservorräte auf, benannten schnell ein paar Buchten und Inseln – offensichtlich ein menschliches Markierungsverhalten – und segelten wieder von dannen. Die holländische Fahne verwitterte oder wurde von neugierigen Bewohnern zerlegt. Weitere hundertfünfzig Jahre durften die Ureinwohner ihr Paradies behalten, ehe ein anderer weißer Mensch auf ihrer Insel landete. Doch damit begann eine andere Geschichte ...

In einem Ort namens Westerway hielten wir an der Tankstelle, tranken schalen Kaffee und erkundigten uns nach dem Leben im Hinterland. Die Frau an der Kasse verzog das Gesicht und zupfte verlegen an der geblümten Schürze, die sie über ihren Jeans trug. Sie war Mitte vierzig, ihr Gesicht leicht gerötet, ein wenig aus der ursprünglichen Form geraten.

»Wie soll's schon sein?«, lachte sie. »Nichts los. Wenig Kunden, ein paar Einheimische, die einkaufen ... so Sachen, die gerade ausgegangen sind. Das meiste kaufen doch alle im Supermarkt in New Norfolk. Aber wir haben uns was ausgedacht. Warten Sie, ich ruf meinen Mann, der zeigt's Ihnen. Man muss sich was einfallen lassen, heutzutage, sonst kommt man nicht weiter.«

Der Mann schlurfte ein wenig widerwillig aus der Küche herbei, in der die Sandwiches für den Laden zubereitet wurden.

»Zeig's ihnen, zeig's ihnen nur!«, ermunterte ihn seine Frau.

Er kratzte sich verlegen am Ohr, nickte behäbig und führte uns zu einem noch unfertigen Anbau.

»Das hier wird so was wie'n kleiner Zoo, verstehen Sie? Dahin kommt ein Glaskasten für Schlangen. Lebendige, klar. Und das wird die Ecke für Wombats, hier kommt ein Wallaby rein, und dann gibt's natürlich jede Menge Vögel. Die Leute haben doch keine Ahnung mehr, was für Viecher hier leben. Die Kinder und so. Da können sie's ganz aus der Nähe sehen. Während Papa die Karre auffüllt, haha.« Wir betrachteten den engen, dunklen Raum und sahen uns zweifelnd an.

»Na, dann wünsch ich Ihnen viel Glück«, sagte Paul.

»Glauben Sie, dass es funktioniert?« Der Tankstellenbesitzer und künftige Kleinzoodirektor sah plötzlich unsicher aus. »Na, wird schon«, ermutigte er sich selbst. »Muss ja. Kostet 'ne Menge, das auszubauen. Irgendwas muss man ja machen.«

Wir fuhren weiter ins Tyenna-Tal hinein. Unser Ziel war der Mount Field National Park, doch besonders interessierte uns das Gebiet rund um den Styx, jenen griechischen Unterweltfluss, den irgendjemand nach Tasmanien verlegt hat. Im Styx-Tal tobte ein heftiger Kampf zwischen Umweltschützern und Holzunternehmen, jedenfalls stand das in einem Faltblatt, das uns ein junger Mann in Hobart zusteckte. Dieses Faltblatt enthielt außerdem einen abenteuerlichen Lageplan von Holzfällerstraßen, die Styx Road, Skeleton Road und Andromeda Path hießen.

Kurz vor der Abzweigung ins Styx-Tal entdeckte ich über einem roten Punkt den Hinweis: Tyenna Valley Lodge & Cockatoo Café. Genau dorthin wollte ich.

Das Tal des Tyenna war quicklebendig, glich dem Wasser, das die Straße mehrmals überquerte. Wälder wechselten mit Wiesen ab, die plötzlich grün und voller Blumen waren. Ab und zu tauchte ein einzelnes Haus zwischen den Bäumen auf. Es waren kleine Häuser, die meisten wirkten ärmlich. Eines verblüffte uns so sehr, dass Paul anhielt. Es sah aus wie ein Hexenhäuschen in einem Meer aus bunten Dahlien und Rosen. Ein handgemaltes Schild hing am Zaun: »Besucher willkommen«.

»Na, das will ich mir genauer ansehen«, knurrte Paul. »Wetten, dass da jemand sein Taschengeld aufbessern will?«

Wir näherten uns dem Gatter, öffneten es und traten in diesen Zaubergarten, und als hätten sie auf der Lauer gelegen, trippelte ein altes Paar hinter den Rosenbüschen hervor. Beide trugen große Stohhüte, hatten lederbraune Gesichter mit tausend Falten. Er hielt einen Rechen in der Hand, sie eine Hacke. Beide lächelten, doch ihre Augen musterten uns eigentümlich abschätzend und schlau.

»Hallo«, sagte der Alte. »Ihr seid nicht zufällig aus Queensland?«

Wir verneinten.

»Ah, gut«, murmelte der Alte. »Gestern waren nämlich zwei aus Queensland da. Die haben zwanzig Cent in unsere Spendendose geworfen. Man stelle sich vor, zwanzig Cent!« Empört sog er die Luft ein. »So ein Garten kostet 'ne Menge, müsst ihr wissen. Wir machen das ja nicht nur zum Vergnügen. Das ist für alle da – aber dann müssen auch alle was dafür tun, nicht wahr?«

»Soso«, sagte Paul.

»Das findet ihr doch auch, oder?«

»Der Garten ist sehr schön«, sagte ich, um das Gespräch in eine andere Richtung zu lenken.

»Ja. Es ist der schönste Garten weit und breit. Wir arbeiten den ganzen Tag daran. Hier, den Brunnen haben wir auch angelegt. Wenn es nicht regnet, muss täglich gegossen werden.«

Dann erzählten sie uns, dass sie früher in Melbourne gewohnt hätten. Aber das Leben in Tasmanien sei viel billiger, deshalb hatten sie sich hier niedergelassen. Viel Rente hätten sie nicht, aber das Haus gehöre ihnen und mit dem Garten verdienten sie sich was dazu. Manchmal hielten hier sogar Busse auf dem Weg zum Nationalpark. Aber leider nicht oft.

»Mein Mann schnitzt auch sehr schön. Kommt mit, kommt nur mit!« Es fehlte nicht viel, und sie hätte uns Richtung Haus geschubst und gezerrt.

Hinter dem Haus, unter einer Pergola aus Glyzinien, zeigten sie uns eine kleine Ausstellung hässlicher Holzschalen. Von der Straße aus konnte man uns nicht mehr sehen, und während die Alten kurz im Haus verschwanden, um noch mehr Holzschalen zu holen, flüsterte ich Paul zu, dass es sich wahrscheinlich um eine Finte handle und sie mit einem Gewehr wiederkommen würden, um uns auszurauben. Aber sie brachten tatsächlich nur Schnitzereien. Wir fühlten uns jedoch so sehr bedrängt, dass wir uns weigerten, etwas zu kaufen, kamen uns ein bisschen vor, als wären wir Wegelagerern in die Hände gefallen. Halb vorwärts, halb rückwärts gehend zogen wir uns Richtung Straße zurück. Dankten für die Gartenbesichtigung, kramten jeweils zwei Dollar aus den Hosentaschen und steckten sie schnell in die Blechdose mit der Aufschrift: »Spenden willkommen.«

»Jedenfalls haben wir uns nicht so schofel verhalten wie die Typen aus Queensland«, sagte Paul sehr ernst, als wir endlich wieder im Wagen saßen – dann lachten wir los.

Maydena ist eine Ansammlung bescheidener Häuschen an der Straße in die Wildnis. Es ist kein Bauerndorf, sondern rief Erinnerungen an Arbeitersiedlungen in mir wach. Später fanden wir heraus, dass in Maydena viele Holzfäller wohnen und Fahrer der großen Holzlaster, die Tasmaniens gefällte Urwaldriesen in die Holzmühlen transportieren. Am Ende von Maydena wies uns ein Schild scharf rechts den Weg zum »Tyenna Valley Lodge«. Rund um eine grüne Insel scharen sich viele Holzhütten, die größte in der Mitte ist das Cockatoo Café. Vögel kreischten auf dem Dach, drinnen herrschte Halbdunkel. An den Wänden Plakate von Umweltschützern, auf dem Tresen Broschüren, Infomaterial. Widerstandsstimmung.

Der Koch schlurfte in Sandalen aus der Küche und begrüßte uns. Der Chef sei nicht da, aber er wisse auch Bescheid, und natürlich hätten sie ein Zimmer für uns. Nichts Tolles, aber zum Schlafen reiche es allemal. Und das Essen sei gut – schließlich müsse er das am besten wissen. Er lachte und entblößte große gelbe Pferdezähne, während er seinen Schokoladenachtisch anpries, der den absurden Namen »Death by Chocolate« trug.

Dann ging er voraus in eines der kleinen Holzhäuser, erklärte dabei: »Hundert Jahre sind sie alt, die Häuser hier. Waren Arbeiterunterkünfte, von Bergwerksarbeitern, dann auch von Holzfällern und von denen, die Lake Pedder zerstört haben. Damals, als in den 70er

Jahren der große Staudamm gebaut wurde. Wasserkraft, Sie wissen schon. War der schönste See der Welt, der Lake Pedder. Aber was will man machen? Sie hätten sehen sollen, wie die Menschen um diesen See gekämpft haben ... Hunderte, Tausende – aber denen da oben war das völlig egal. Haben einfach geflutet und fertig.« Er seufzte tief und stieß die Tür zu einem der Zimmer auf, die rechts und links vom Flur lagen. Das heißt, er wollte die Tür aufstoßen, doch sie klemmte und er musste sich schließlich mit der Schulter dagegenwerfen.

»Na endlich«, sagte er. »Jetzt kennen Sie ja den Trick.«

Das Zimmer war so klein, dass es gerade Platz für ein Doppelbett, einen winzigen Schreibtisch und einen Stuhl bot. Die Tapete sah aus, als wäre sie ebenfalls hundert Jahre alt. Vom Fenster aus konnte ich in den Gemüsegarten zwischen den Häuschen schauen.

»Wenn ihr nachts einen Elefanten auf dem Dach hört, dann schlaft ruhig weiter. Sind nur die *possums*. Die machen einen Höllenlärm.«

Wir klemmten unsere Koffer zwischen Bett und Wand, dann folgten wir dem Koch auf Besichtigungstour. Am Ende des Flurs zeigte er uns das »Wohnzimmer«, voll gestopft mit Secondhand-Möbeln, einem Regal mit Unterhaltungsromanen und ein paar Büchern über Tasmanien. Der Fernseher sah aus, als stammte er aus den 50er Jahren.

»Aber er geht«, sagte der Koch triumphierend. Danach öffnete er schwungvoll die Tür zur Küche. »Alles da«, rief er. »Ihr könnt euch Tee und Kaffee kochen oder selbst was brutzeln. Morgens steht hier ein Korb mit eurem Frühstück. Milch und Zeug, was verdirbt, stell ich in den Kühlschrank. Aber lasst ja die Tür zum Garten nicht auf! Die Possums fressen alles auf, was hier rumsteht.«

Und damit öffnete er die Tür zum Garten. Ich trat auf eine kleine Holzveranda, die mit wildem Wein überwuchert war. Vor mir lag eine grüne Wiese, auf der ein paar Enten herumwatschelten, und mittendrin stand ein kahler rosaroter Baum. Der Stamm, die Äste, alles war pinkfarben. Ich hatte unvermutet das Gefühl, angekommen zu sein. Von einem richtigen Platz, der zum Bleiben einlud. Wer diesen Baum angemalt hatte, musste ähnlich empfunden haben. Es passte total.

Der Koch sah mich von der Seite an. »War 'ne Künstlerin, die das gemacht hat. Fand, dass der tote Baum ein Recht darauf hat rosarot zu sein. Wir haben öfter so Leute hier, die komische Ideen haben. Aber mir gefällt der Baum.«

»Mir auch«, sagte ich.

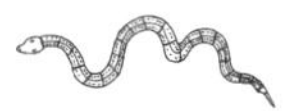

Weil es noch zu früh war, um den »Tod durch Schokolade« zu probieren, wanderten wir in ein Seitental des Tyenna hinauf, einfach um unsere Füße auf dem Boden zu spüren und allmählich anzukommen. Die unbeschreibliche tasmanische Luft hielt diesmal eine Mischung aus Eukalyptus, Pinien und Wiesenblüten für uns bereit. Unter den hohen Bäumen wuchsen alle Arten von Farnen. Wir stießen auf bunte Wiesen, folgten einem Bach, dessen klares Wasser über blanke Steine dahinfloss. Ich zog Schuhe und Strümpfe aus und stieg hinein, hielt es aber nur kurz aus. Das Wasser war eisig kalt. Margeritenbüsche und Glockenblumen wuchsen an der Böschung. Ein Kookaburra lachte irgendwo in den Baumwipfeln.

Später kamen wir auf eine Lichtung mit kurzem, weichem Gras wie Teppichboden und dunklen, borstigen Binsenbüscheln, den Weidegrund der Wallabys, einer kleinen Känguruart, und waren uns einig, dass diese Gegend durchaus Paradiesqualitäten besitzt.

Doch wie es mit irdischen Paradiesen so ist: Als ich gerade an der Uferböschung stand und erneut das kristallklare Wasser bewunderte, rief Paul: »Beweg dich nicht! Bleib einfach ruhig stehen!«

Und da ich bei unseren Reisen durch Australien schon ziemlich häufig ruhig stehen bleiben musste, fragte ich nur: »Was ist es?«

»Eine schwarze Tigerschlange. Eine verdammt lange und dicke.«

»Wie weit ist sie weg?«

»Ungefähr zweieinhalb Meter.«

»Soll ich in den Bach springen?«

»Tigerschlangen können schwimmen.«

Ich beschloss, mir selbst ein Bild zu machen, drehte mich behutsam um. Sie war wirklich sehr lang. Etwa anderthalb Meter und pechschwarz. Ganz langsam wand sie sich durch das kurze Gras, umrundete Binsenhalme, hob hin und wieder den Kopf, um zu züngeln. Es war faszinierend, ihr zuzusehen, doch ich ließ mich von ihrer Langsamkeit nicht täuschen. Tigerschlangen können sich schnell bewegen, so blitzschnell, dass ihrem Opfer keine Zeit zur Flucht bleibt. Sie können springen, schwimmen, klettern und gehören zu den eher angriffslustigen Schlangen.

Genau zwischen mir und Paul überquerte sie die Lichtung und steuerte auf eine Gruppe niedriger Büsche zu. Ich hielt den Atem an, als sie mir auf ihrem Weg immer näher kam. Noch einmal züngelte sie und ich konnte ihre Augen sehen, dann glitt sie ins Gebüsch. Ich atmete erst tief durch, als auch ihre Schwanzspitze verschwunden war.

»Die kommt nicht wieder«, sagte Paul.

»Warum?«

»Weil sie mich gesehen hat. Tigerschlangen sind scheu.«

Auf sein Wort vertrauend, verließ ich meinen Platz am Bach und ging zum Fahrweg zurück. Paul dagegen wanderte am Bach entlang. Ich ließ das Gebüsch, in dem die Schlange verschwunden war, nicht aus den Augen, und siehe da – sie kam zurück.

»Bleib stehen! Rühr dich nicht!«, rief diesmal ich.

Es schien, als wollte die schwarze Schlange ihre Kraft demonstrieren. Plötzlich schoss sie dahin wie ein Pfeil, schlängelte sich nicht mehr, sondern raste wie ein Torpedo durchs Gras, war weg. Mein Herz raste ebenfalls, ich spürte Schweiß auf meiner Stirn, meinem Rücken, in den Handflächen. Die Schlange hatte uns für den Bruchteil einer Sekunde das Gefühl von tödlicher Bedrohung gegeben; eine Warnung zukommen lassen. Wie in der Bibel hatte eine Schlange uns aus dem Paradies vertrieben.

Doch es sollte schlimmer kommen. Auf dem Rückweg zur Lodge machten wir in einem Wald aus Huon-Pinien eine grausige Entdeckung: Abgetrennte Körperteile eines Wallabys lagen in einer Bodensenke. Zuerst hielten wir sie für die Überreste einer Raubtiermahlzeit, doch als wir uns umschauten, entdeckten wir immer mehr blutverschmierte Köpfe, abgehackte Schwänze, Ohren, Pfoten, Hinterläufe, Hoden.

Mir war, als streifte ein kalter Hauch durch den halbdunklen Wald. Dieses Massaker war eindeutig Menschenwerk. Plötzlich fühlte ich mich nicht mehr sicher, hatte den Impuls, mich zu verstecken. Als wir oben auf dem Fahrweg einen Wagen hörten, zog ich Paul hinter den Stamm eines mächtigen Baums. Wieder raste mein Herz, und ich hatte Angst, beruhigte mich nicht einmal, als der Wagen vorüberfuhr. Wie harmlos erschien uns die Tigerschlange angesichts dieses Schlachtplatzes. Verstört machten wir uns auf den Rückweg, schweigend, auf ungewohnte Geräusche achtend, endgültig vertrieben aus dem Paradies.

Später im Cockatoo Café war es warm und gemütlich. Es duftete nach Knoblauch und Olivenöl. Der Koch servierte uns Lamm mit Bohnen aus biologischem Anbau.

»Alles ist hier biologisch«, lachte er. »Das Gemüse und die Viecher sowieso. Warum schaut ihr denn so ernst?«

Wir erzählten von den zerstückelten Wallabys. Er schüttelte den Kopf und zuckte die Achseln. »Keine Ahnung, wer so was macht«, murmelte er. »Ist eine Schande. Morgen schau ich mir das mal an. Aber ich sag euch eins: Es sind immer die Menschen die den größten Schaden anrichten. Immer die Menschen. Ihr wart noch nicht im Styx-Tal, oder? Na, dann bin ich gespannt, wie ihr morgen aus der Wäsche schaut.« Sprach's und verschwand in seiner Küche.

Am Nebentisch saß ein einsamer Japaner, außer uns der einzige Gast, und stocherte in seinen grünen Bohnen herum. Im Gegensatz zu den meisten Japanern, denen ich bisher in Australien begegnet bin, trug er keinen Anzug mit Krawatte (was die für Japaner selbst am Ayers Rock die normale Kleidung zu sein scheint), sondern eine solide

Bergsteigerkluft: schwere Stiefel, ein kariertes Flanellhemd, Kakihose und Weste. Sein Haar war halb lang, und er stieß in Abständen von wenigen Minuten tiefe Seufzer aus. Wir konnten allerdings nicht herausfinden, ob das Essen an diesen Seufzern schuld war oder eine Unpässlichkeit, denn er vermied jeglichen Blickkontakt und ermutigte keinesfalls zu irgendeiner Form von Kommunikation.

Während wir noch mit unserem köstlichen Lammbraten beschäftigt waren, ließ er plötzlich sein Besteck fallen, legte beide Arme auf den Tisch und den Kopf auf seine Hände.

»Ein interessanter Fall«, flüsterte Paul. »Vielleicht drückt er so seine Verzweiflung über das australische Essen aus.«

Zum Glück stand der Japaner auf und verließ grußlos den Speiseraum. Durchs Fenster sahen wir, wie er sich auf der Veranda niederließ und die Beine auf die Brüstung legte. Kurz darauf erschien der Koch und servierte ihm ein Bier, lehnte sich ebenfalls an die Brüstung und redete ein paar Minuten mit dem seltsamen Gast.

»Frag ja nicht«, sagte Paul. »Ich sehe dir an, dass du vor Neugier platzt.«

Natürlich fragte ich den Koch, als er sich nach unseren weiteren Wünschen erkundigte.

»Ach«, sagte er. »Der war schon oft hier. Ein Japaner. Aus Tokio, glaub ich. Fotograf. Rennt den ganzen Tag im Styx-Tal rum und macht Fotos von abgehackten Bäumen. Aber da müssen Sie den Boss fragen, der kennt ihn besser. Mit ihm selber reden Sie lieber nicht. Er ist ein bisschen seltsam und will seine Ruhe. Hat einen ganzen Bungalow für sich allein gemietet, weil er ein Fotolabor dabei hat. Also, wenn Sie mich fragen: Ich würd ja verrückt werden, wenn ich den ganzen Tag nur im Wald rumkriechen würde, abends 'n paar Bier trinken täte und dann die halbe Nacht Fotos entwickeln müsste. Außer mit mir und dem Boss redet der mit niemandem. Und auch da nicht viel. Mein Essen scheint ihm auch nicht zu schmecken.« Er deutete auf den halb vollen Teller. »Das macht er jeden Abend. Hat noch nie alles aufgegessen.«

Nach dem dritten Bier zog sich der Japaner in sein Holzhäuschen zurück, und wir setzten uns auf die Küchenveranda unseres Bungalows. Der rosarot bemalte Baum leuchtete im Halbdunkel, und kurz darauf donnerten die ersten Opossums über das Wellblechdach. Gar nicht scheu turnten zwei über den wilden Wein zu uns herunter, setzten sich auf die oberste Stufe der kleinen Treppe zum Garten und starrten uns aus großen, funkelnden Augen an. Es war noch hell genug, um ihre dicken gestreiften Schwänze zu erkennen und die frechen Clownsgesichter. Ich fand, dass der deutsche Name »Beutelratte« eine echte Beleidigung für diese hübschen katzenähnlichen Tiere ist.

Vielleicht, dachte ich, besteht das Paradies aus einer Mischung aus Schönheit und Schrecken. Vielleicht könnte man es nicht ertragen, wenn alles paradiesisch wäre.

Deshalb las ich im Schutz unseres engen Schlafzimmers, im Schein einer nicht sonderlich hellen Nachttischlampe, noch ein bisschen mehr über die tasmanischen Schlangen nach. Immerhin gibt es nicht mehr als drei Arten, aber alle drei sind giftig. Unsere schwarze Tigerschlange gehörte natürlich zu den giftigsten; ein unbehandelter Biss eines Tiers ihrer Größe ist tödlich. Außer den Tigerschlangen gibt es noch die Kupferkopfschlange und die Peitschenschlange. Letztere ist für Menschen zumindest nicht tödlich, die andere schon. Die Schlangen zu identifizieren ist nicht ganz einfach, da sie in ganz verschiedenen Farbtönungen auftreten können. Am klarsten unterscheidet sich die Zeichnung der Köpfe – aber wer hat schon Zeit, sich die einzuprägen, während er gerade gebissen wird.

Viel später fand ich in einem alten Geschichtsbuch aus Tasmanien einen Hinweis auf Lady Jane Franklin, Ehefrau des berühmtesten tasmanischen Gouverneurs, Sir John Franklin, der sein Amt 1836 antrat. Lady Jane war offensichtlich sehr an Natur und Naturgeschichte interessiert und sammelte Pfanzen und Tiere, doch sie hasste Schlangen. Deshalb kam ihr die Idee, Tasmanien gänzlich von ihnen zu befreien (vielleicht auch ein Versuch, das Paradies zu erfinden). Jedenfalls verkündete Lady Jane, für jede erlegte Schlange werde ein Shilling gezahlt. In kürzester Zeit wurden derart viele tote Schlangen bei den Polizeiwachen abgeliefert, dass Lady Jane in Zahlungsnot geriet. Sie musste ihre Schlangen-Säuberungsaktion abblasen, und deshalb gibt es auch heute noch jede Menge Schlangen in Tasmanien.

Im Postamt von Maydena, das gleichzeitig Lebensmittelgeschäft und Miniapotheke war, erzählte man uns ein paar Tage später, dass an manchen Tagen und besonders nach heftigen Regenfällen Dutzende von Tigerschlangen die Dorfstraße entlangkriechen. Das sei nicht angenehm, aber man habe sich daran gewöhnt.

Der Frühstückskorb wartete tatsächlich in der Küche auf uns, als wir am nächsten Morgen sehr früh aufstanden, um den Fluss der Unterwelt zu erkunden. Inhalt: zwei Bioäpfel, zwei Orangen, Joghurt, frisches Vollkornbrot und ein Zettel, auf dem stand: Milch, Butter usw. im Kühlschrank. Teebeutel und Kaffee im Regal. Guten Morgen!

Die Nacht hob sich langsam aus dem Tal. Feiner Nebel hing über der Wiese hinter dem Haus, drei Krähen saßen im rosaroten Baum. Ich trank meinen heißen Milchkaffee und versuchte, keine Erwartungen zu haben, denn natürlich hatte ich einen Blick in die Broschüren der Umweltschützer geworfen, obwohl ich erst alles auf mich wirken lassen wollte – unvoreingenommen, mit ungetrübtem Blick.

Der japanische Fotograf stieg gerade in seinen rostigen alten Ford, als wir zum Wagen gingen. Fuhr davon, ohne uns eines Blickes zu würdigen. Langsam folgten wir ihm. Er schien ein ähnliches Ziel zu haben wie wir, doch statt in die Holzfällerstraße zum Styx abzubiegen, blieb er auf der Hauptstraße, und ich hatte den Eindruck, dass er nur deshalb geradeaus fuhr, um jeden Kontakt mit uns zu meiden.

Die Styx Road erwies sich als breite Schotterstraße, die den deutschen Forststraßen ähnelte, nur vielleicht noch eine Spur brutaler in den Wald getrieben worden war. Kurz hintereinander begegneten uns zwei riesige Holzlaster, fuhren atemberaubend schnell und dicht an uns vorbei, schleuderten Staub und kleine Kiesel gegen unseren Wagen, der in ihrem Luftsog erbebte.

»Wir müssen verdammt aufpassen«, murmelte Paul. »Wenn so einer uns nicht rechtzeitig sieht und um eine Kurve donnert, dann haben wir schlechte Karten.«

Ich zog nun doch die Informationsschrift der Wilderness Society heraus und las Paul vor, was unter der Überschrift »Warnung« stand:

»Es handelt sich um unbefestigte Straßen (ich liebe den australischen Ausdruck *dirtroad*, was man mit »Dreckstraße« übersetzen kann – eine sehr klare und zutreffende Bezeichnung), viele Kilometer von der nächsten Siedlung entfernt und meist außerhalb Mobilfunk-Reichweite. Füllen Sie Ihren Benzintank, ehe Sie aufbrechen, fahren Sie nicht schneller als fünfzig Stundenkilometer und bremsen Sie vor Schlaglöchern, Rinnen und anderen Hindernissen. Obwohl Zweirad-Fahrzeuge zugelassen sind, ist Vorsicht geboten: Bei Regen werden die Straßen rutschig, bei Trockenheit sehr staubig. Ersatzreifen und Wagenheber sind absolut unentbehrlich. Fahren Sie nachts und in der Dämmerung langsam, um Wildtiere zu schützen, und achten Sie besonders auf Holzlaster, die an Werktagen unterwegs sind.«

»Jaja«, sagte Paul. »Die Warnung vor den Lastern hätten sie lieber an den Anfang stellen sollen. Die sind so beladen, dass sie gar nicht bremsen können, wenn du ihnen in die Quere kommst.«

Die Straße bot keine Ausweichmöglichkeit, man konnte den Wagen höchstens in den schmalen Graben setzen, denn gleich dahinter erhob sich ein brauner Erdwall, aus dem Wurzeln und Steine hervorschauten. Es war keine schöne Fahrt. Die »Dreckstraße«, eine unverheilte Wunde in einem aufgestörten Wald, führte steile Hänge hinauf, durch enge Taleinschnitte. Ab und zu erhaschten wir einen Blick auf dunkle Bergrücken, die laut Karte bereits zum geschützten Gebiet des Weltnaturerbes und zum Nationalpark gehörten.

Nach etwa fünf Kilometern erreichten wir den ersten abgeholzten Hang. Hier wurde *clear-cutting* betrieben, das bedeutet: Alles, was wächst, wird radikal abgesägt, zerhackt, umgebaggert und zuletzt verbrannt. Der riesige, kahle Hang sah aus wie ein Elefantenfriedhof, auf dem ein paar Schaufelbagger die Knochen zusammenschoben. Das Bild der zerstückelten Wallabys tauchte wieder vor meinen Augen auf. Der Geruch von feuchtem, kokelndem Holz drang in den Wagen, und ich dachte, dass es da draußen nach Krieg aussah und auch so roch.

Paul machte ein paar Fotos. Einer der Knochenschieber weiter oben am Hang brüllte Unverständliches und drohte mit der Faust.

Weiter. Schweigend. Bloß weg von diesem Ort der Zerstörung! Es gibt Menschen, die für diesen Wald kämpfen. Wir durften es nur nicht vergessen. Noch gab es Hoffnung für einen Teil des Tals, noch war nicht alles verloren. Und wirklich: Kaum einen Kilometer weiter tauchten wir in das erste paradiesische Reservat ein. Die Styx-Brücke spannt sich über den Zusammenfluss von Styx und South Styx, von oben konnten wir auf die beiden Urwaldflüsse schauen, und keine Kettensäge hatte hier gewütet. Sofort begriff ich, warum diese Flüsse ihre griechischen Mythennamen tragen: Ihr Wasser war dunkelbraun, beinahe schwarz – gefärbt vom Tannin der Rinden und Sümpfe, trotzdem durchsichtig und klar. Baumfarne neigten sich zum Fluss, ein Stückchen ursprünglichen Walds war hier stehen geblieben.

Wir kletterten zum Ufer hinunter, gingen auf die schmale Landzunge hinaus, die sich am Zusammenfluss gebildet hat. Nur das Glucksen des dunklen Wassers war zu hören und die Sonne malte goldene Flecken auf den Fluss der Unterwelt. Rasch hob ich das Kaugummipapier auf, in der Absicht, diese perfekte Illusion aufrechtzuerhalten.

»Lass nur«, sagte Paul. »Ich habe es schon gesehen. Aber es ist sicher besser, wenn wir es mitnehmen.«

Die Holzgesellschaft bemühte sich um Imagepflege. 15 Hektar Paradies wurden von der Zerstörung ausgenommen: The Big Tree Reserve. »Für unsere Kinder« stand auf großen Informationstafeln. Für sie wurden ein paar der höchsten Hartholzbäume der Welt stehen gelassen, ein Naturlehrpfad auf Holzstegen angelegt, damit die Füße der

Besucher die Erde nicht festtreten. Wir tauchten ein in das ewige Dämmerlicht eines gemäßigten Regenwalds, in einen überdimensionalen Palast, dessen Säulen Bäume sind. *Eukalyptus regnans*, wahrlich königliche Bäume, fast nicht von dieser Welt, so weit reichen sie hinauf. Ihre Wipfel berührten tief hängende Wolken. Hundert Meter ragen die höchsten dieser Giganten auf und mehrere hundert Jahre sind sie alt.

Wir hatten Glück, waren ganz allein mit den Bäumen, folgten schweigend dem Pfad, ließen die Hand über narbige Rinden gleiten, legten den Kopf in den Nacken, lauschten den Schreien schwarzer Kakadus. Die Wälder Tasmaniens verschlugen uns auch später immer wieder die Sprache. Es blieb uns nur zu schauen und zu staunen. Manche Stämme hatten einen so gewaltigen Umfang, dass mindestens zehn Menschen sich an den Händen halten müssten, um sie zu umfassen. Der Boden am Fuß dieser Riesenbäume ist kaum bewachsen, aber von einer dicken Schicht aus Rinde und herabgefallenen Ästen bedeckt. Zu dunkel ist es hier für dichte Vegetation, aber dort, wo Sonnenlicht einfällt, streben Baumfarne nach oben, drängen sich niedrige Büsche, entsteht sofort ein wildes grünes Durcheinander.

Wir schlugen einen schmalen Pfad ein, der zum Ufer des Styx hinunterführte. Der Weg war regelrecht freigeschlagen worden und wurde schon wieder von wuchernden Zweigen bedrängt. Es war vollkommen unmöglich, auch nur einen Schritt rechts oder links von diesem grünen Tunnel zu tun, so undurchdringlich stand die Mauer aus Zweigen, Stämmen und Schlingpflanzen. Wir stolperten über Wurzeln und abgeschnittene Äste, immer weiter, bis es endlich heller wurde und wir unvermittelt wieder am Unterweltfluss angekommen waren. Der Pfad endete vor einem Gewirr ausgebleichter Stämme, die quer über den Fluss gestürzt waren und wilde Brücken schlugen – nicht von Menschenhand gefällt, sondern müde von der Zeit. Und wieder musste ich an gefallene Elefanten denken.

An den Ufern wuchsen auch hier große Baumfarne; ihre Federblätter berührten das Wasser. Hinter den Farnen ragte die grüne Wand des Regenwaldes auf, Fische huschten durchs Wasser und versteckten sich unter ertrunkenen Ästen, in Wurzelhöhlen. Eine kleine Echse saß mit klopfender Kehle nur einen Meter von mir entfernt auf der silbernen Baumbrücke. Kein Vogelruf war zu hören und vor allem kein Geräusch, das an unsere Zivilisation erinnerte, der wir in Europa kaum jemals entkommen. Wir blieben lange auf einem toten Baum sitzen, nahmen diese unerhörte Stille in uns auf.

Ehe Tasmanien zur britischen Kolonie wurde, dürfte kaum ein menschliches Wesen diese Wälder betreten haben. Die Ureinwohner lebten im offenen Buschland im Norden und Osten und an den Küsten. Die Regenwälder des südlichen und westlichen Hochlands waren so dicht und undurchdringlich, dass es kaum sinnvoll war, dort auf die Jagd zu gehen. Auch die meisten Beutetiere der Aborigines zogen die offeneren Wälder und Heidelandschaften vor.

Wie in den tropischen Regenwäldern gibt es auch in den Regenwäldern der gemäßigten Zonen nur eine begrenzte Zahl an Säugetieren. Regenwälder sind das Refugium und Paradies der Pflanzen und Insekten. Ein gigantischer Kreislauf von Wachsen und Vergehen. Erst wir Naturhungrigen des 20. und 21. Jahrhunderts empfinden die Urwälder als Paradiese; für die ersten Siedler und vor allem für die Strafgefangenen waren sie eine lebensfeindliche Wildnis voll unbekannter Gefahren.

Wie gering die Überlebenschancen für Menschen in diesen Wäldern waren, mussten viele entflohene Strafgefangene im 19. Jahrhundert bitter erfahren. Unzählige verliefen sich in den Wäldern, verhungerten oder starben an Erschöpfung.

Die ersten Opfer der Wildnis waren einige Sträflinge, die 1804 in Tasmanien eintrafen. Unter Leutnant Colonel David Collins sollten sie eine britische Niederlassung aufbauen. Was lag näher, als die Gelegenheit zur Flucht zu ergreifen – die Geschichte von Robinson Crusoe war immerhin schon neunzig Jahre vorher geschrieben worden. Aber Tasmanien war keine tropische Insel, es gab weder Wildschweine noch wilde Ziegen, und auch im Sommer konnte es plötzlich bitterkalt werden.

Alle Entflohenen verschwanden in den Wäldern und kamen wohl elend ums Leben.

Nur einer – sein Name war William Buckley – überlebte. Aber das fand man erst 32 Jahre später heraus. So lange nämlich blieb er verschwunden. William Buckley muss ein großer, starker Mann gewesen sein, so ist es jedenfalls überliefert. Seine Klugheit wird nicht erwähnt, doch er muss auch damit gesegnet gewesen sein, denn er schaffte es, sein halbes Leben in einer völlig fremden Kultur zu verbringen – in Freiheit und hoch geehrt. Buckley war auf seiner Flucht einer Gruppe von Ureinwohnern begegnet, die freundlich und neugierig waren. Diese Aborigines kamen zu dem Schluss, dass Buckley die Reinkarnation eines früheren Anführers sein musste. Sie machten ihn zum Häuptling, und das blieb er 32 Jahre lang.

Erst 1835 nahm er Kontakt mit weißen Siedlern auf; die englische Sprache hatte er fast verlernt. Trotzdem gelang es ihm, seine Geschichte verständlich zu machen. Man nahm ihn wieder in die Gemeinschaft der Weißen auf, begnadigte ihn und gab ihm einen Job als Polizist in Hobart. Solch merkwürdige Wendungen nahmen die Lebenswege mancher Menschen – beinahe klingen sie wie Märchen. Ich fühlte mich an dieser Stelle versucht zu schreiben: Und wenn er nicht gestorben ist, so lebt er noch heute. Buckley starb 1856 in Hobart und erreichte ein für die damalige Zeit hohes Alter: Er wurde 76.

Leider hat er kein Buch über sein Leben bei den Ureinwohnern hinterlassen. Es hätte möglicherweise Defoes Geschichte von Robinson Crusoe übertroffen und wäre zudem ein kostbares Dokument über die Lebensgewohnheiten der tasmanischen Aborigines.

Es war die Sonne, die uns vom Ufer des Styx vertrieb, diese harte, gleißende tasmanische Sonne, und obwohl man schädliche UV-Strahlen angeblich nicht spüren kann – in Tasmanien haben wir sie körperlich gespürt und uns dankbar im Dämmerlicht der Wälder davor versteckt. Wir kehrten zum Wagen zurück und folgten der Holzfällerstraße immer weiter in die Tiefen des Styx-Tals. Und dann, kurz vor einer scharfen Kurve: brüllender Lärm, Staubwolken, die Schnauze eines Riesentrucks rast auf uns zu. Jetzt, denke ich. Ganz ruhig irgendwie. Jetzt! Sehe, wie Paul das Steuer herumreißt. Warte auf den Aufprall. Unser Wagen erzittert, fliegt zur Seite, steht.

Kein Aufprall. Nur Staub überall. In der Nase, dem Mund, den Augen. Wir husten.

Als ich mich umdrehe, ist der Truck schon um die nächste Kurve verschwunden wie in der Geisterbahn. Erst jetzt, mit Verspätung, beginnt mein Herz schneller zu schlagen. Unser Wagen neigt sich gefährlich nach einer Seite, wir hängen im Graben, einem sehr schmalen Graben, hinter dem sich ein harter Erdwall erhebt.

»Shit«, murmelt Paul. »Das war verdammt knapp!«

»Weißt du, wie das war? Wie *clear-cutting*. Es war genau wie das, was sie mit den Wäldern machen.«

Wir sehen uns an, zwei staubbedeckte Überlebende.

Vielleicht war es dieser Schock, der uns für den Rest des Tages besonders empfindlich machte. Als wir von der Styx Road in die Skeleton Road einbogen, konnten wir die Namensgebung nicht besonders komisch finden. Links und rechts der Straße waren die großen Eukalyptusbäume abgeschlagen worden, ein amputierter Wald, ein Meer von Stümpfen breitete sich vor unseren Augen aus.

»Lass uns umkehren«, schlug ich vor.

Paul schüttelte den Kopf. »Wenn ich schon so weit fahre, dann will ich mein Ziel auch erreichen.«

The Big Stump hieß unser Ziel, und wir fanden ihn, den größten Baumstumpf, den es zumindest in Tasmanien gibt. Mir kam er vor wie der größte der Welt, und mit meinem Holzlaster-Trauma in den Knochen erschien er mir wie ein Mahnmal – etwas, das man vielleicht in ein paar hundert Jahren in Sydney oder sogar in New York aufstellen wird: Zum Gedenken an unsere Wälder.

Der Durchmesser des Big Stump beträgt zwischen fünf und sechs Meter. Obwohl der Baum schon vor einigen Jahren gefällt worden war, wies das Holz keine Spuren von Verwitterung auf. *Eukalyptus regnans* ist ein Hartholzbaum mit ungeheurer Widerstandskraft. Ich setzte mich auf den Rand des Stumpfes und versuchte mir vorzustellen, was wohl die Holzfäller gedacht haben mochten, als sie ihre Kettensägen ansetzten. Ob sie es einfach so als Job betrachteten und mehr an der technischen Seite des Problems interessiert waren? Wie fällt er am besten um?

Ich erinnerte mich daran, wie ich beim Fällen eines Baums in unserem Garten zugesehen hatte. Es ging so ungeheuer schnell. Ein Lebewesen, dreißig Meter hoch, das mindestens hundert Jahre an seinem Platz gestanden hatte, mit uns gelebt hatte, wurde innerhalb von zwei Stunden komplett beseitig. Gefällt, seiner Äste entledigt, zerstückelt, abtransportiert. Übrig blieb der Stumpf. Vernichten geht wesentlich schneller als wachsen. Das ist mit allem so. Sogar mit uns Menschen.

Vielleicht lag es ebenfalls an meinem Holzlaster-Schock, dass ich, auf dem Big Stump sitzend, an den Tasmanischen Tiger denken musste. Er überlebte die Kolonisierung zwar länger als die menschlichen Ureinwohner, aber ausgerottet wurde er trotzdem. Der letzte seiner Art starb 1936 im Zoo von Hobart. Seit Tausenden von Jahren haben diese großen Beuteltiere in den Urwäldern Gondwanas gelebt. Bestimmt gab es sie auch auf dem Festland, denn in der Nähe von Tom Price, im Nordwesten Australiens, habe ich Felszeichnungen gesehen, die eindeutig den Tasmanischen Tiger darstellen.

Er war ungefähr so groß wie ein Schäferhund, hatte ein Wolfsgesicht mit stumpfer Schnauze und ein hellbraunes Fell mit dunklen Tigerstreifen auf Rücken, Hinterteil und Schwanz. Menschen ist er nie gefährlich geworden, aber er hat hin und wieder Schafe, Geflügel und sogar Hunde der Siedler gerissen, als die Weiden immer weiter in die Wälder vorangetrieben wurden. Deshalb wurde er gnadenlos verfolgt, bis es keinen mehr gab. Es dauerte nicht einmal hundert Jahre. Heute wird er überall in Tasmanien zu Werbezwecken benutzt. Sein Bild prangt auf Plakatwänden, springt aus der Zeitung, ziert Postkarten und Prospekte ... wie in Bayern der Wolpertinger, aber den hat es nie gegeben. In den Museen stehen ausgestopfte Exemplare, und Wissenschaftler überlegen ernsthaft, ihn wieder zum Leben zu erwecken. Angeblich gibt es ausreichend genetisches Material ...

Am Abend saßen wir wieder im Cockatoo Café, müde und froh, am Leben zu sein. Der japanische Fotograf lümmelte wieder über seinem halbvollen Teller, lächelte aber plötzlich, als ein drahtiger Mann um die dreißig den Speiseraum betrat. Er war das erste Mal, dass wir ihn lächeln sahen. Er hörte auch sofort damit auf, als der Fremde ihn zwar grüßte, aber zunächst an unseren Tisch trat.

Es war der Besitzer der Lodge, der sich schnell als Grüner outete, sehr engagiert im Kampf um die tasmanischen Wälder. »Man kann die Dinge von mehreren Seiten betrachten«, sagte er, und die vielen Lachfältchen um seine Augen zuckten. »Man kann sagen: Zwei Drittel der Wälder sind zerstört. Und in fürchterliches Gejammer ausbrechen. Man kann aber auch sagen: Ein Drittel steht noch und ein Großteil davon ist bereits geschützt. Und den müssen wir erhalten. Ich ziehe diese Betrachtungsweise vor«

Der japanische Fotograf seufzte laut, nahm sein Bier und verschwand auf die Veranda wie am Abend zuvor.

»Der kämpft auch für die Bäume, auf seine Weise«, sagte Kevin, der Wirt. »Er war schon öfter hier, immer auf der Suche nach Bildern der Zerstörung. Ist regelrecht besessen davon. Hat schon große Ausstellungen gemacht, in Tokio und vielen anderen Städten. Diesmal ist er nur hinter Baumstümpfen her – will 'ne Ausstellung nur mit Stümpfen machen.« Er zuckte die Achseln und lächelte schief. »Na ja, heutzutage muss man sich immer was ganz besonders Ausgefallenes ausdenken, damit die Leute überhaupt noch hinsehen. Aber wenn Sie mich fragen: Ich find's ziemlich deprimierend, all diese Stümpfe.«

Wir stimmten ihm zu, waren aber alle drei der Meinung, dass es sich nach einem ungewöhnlichen und wichtigen Projekt anhörte.

»Ich werd mich jetzt ein bisschen zu ihm setzen. Er fühlt sich ziemlich allein hier. Ich bin im Grunde sein einziger Ansprechpartner. Liegt aber an ihm. Er will keinen Kontakt mit anderen. Na ja, muss jeder so machen, wie er will ... Euch gefällt's? Schmeckt's?«

»Jaja, alles wunderbar.«

»Na, dann. Lasst bloß die äußere Küchentür nicht offen! Die Possums ...«

»... fressen alles auf«, vollendete Paul den Satz. »Wissen wir längst.«

Kevin grinste, winkte uns zu und folgte dem einsamen Japaner. Kurz darauf sahen wir die beiden in ein lebhaftes Gespräch vertieft. Der Koch brachte ihnen zwei Bier und räumte traurig den halbvollen Teller weg. Wir fühlten uns schon ganz zu Hause.

Als wir später unser Holzhaus betraten, drang uns kräftiger Essensgeruch entgegen – ich tippte auf Knoblauch-Tomaten-Sauce, während Paul eher Würstchen mit Ketchup vermutete. Eines stand jedenfalls fest: Wir waren nicht mehr allein. Obwohl wir wussten, dass unsere Lodge vier Schlafzimmer hatte, fühlten wir uns doch einen Augenblick so, als hätten wir es mit Eindringlingen zu tun.

Vorsichtig schlichen wir zu dem kleinen Wohnzimmer mit dem antiken Fernsehapparat und lugten hinein. Zwei Frauen saßen auf dem gebrechlichen Sofa, jede einen Teller Nudeln mit Tomatensauce auf den Knien, und verfolgten ein Kricket-Spiel.

»Hi«, sagten sie mit vollem Mund und so, als gehörten wir zur Einrichtung. »Setzt euch her, es ist total spannend. Unsere Jungs haben noch nie so schlecht gespielt – es ist unglaublich!«

»Gegen wen spielen wir denn?«, fragte Paul.

»Südafrika«, murmelten beide gleichzeitig und warfen ihm einen Blick zu, als hätte er eine anzügliche Bemerkung gemacht.

»Aha«, sagte Paul, und um sein Gesicht zu wahren, fügte er hinzu: »Bin gerade erst aus Europa gekommen und hab ein bisschen den Anschluss verpasst.«

»Ich weiß«, antwortete eine der Frauen und nickte. »Drüben verliert man total den Überblick. Es gibt praktisch kein Kricket. Ich weiß nicht, ob ich das auf Dauer aushalten würde.«

»Ist nicht leicht«, knurrte Paul. »Kein Kricket und kein Australian Rule Football.«

»Furchtbar«, stöhnten alle beide und lachten los. Paul holte sich ein Bier aus der Küche und war die nächsten zwei Stunden nicht mehr ansprechbar. Es gibt gewisse kulturelle Unterschiede zwischen Menschen, die sich einfach nicht überbrücken lassen. Einer davon ist Kricket. Normale Westeuropäer verstehen dieses Spiel einfach nicht, während Briten, Australier, Neuseeländer, Südafrikaner und manche Angehörige ehemaliger britischer Kolonien bei Kricket einen glasigen Blick bekommen und in eine andere Welt entschwinden – nicht nur für neunzig Minuten wie beim Fußball, sondern für Tage und halbe Nächte manchmal, sogar für Wochen. Zum Glück wurde dieses Spiel gegen zehn Uhr unterbrochen, und wir tranken noch ein Glas Wein zusammen. Die beiden Frauen waren aus Sydney, hießen Jane und Eve und ließen ihren Urlaub in der Lodge ausklingen.

»Zwei Wochen im Zelt reichen«, sagte Jane. »Aber es war trotzdem eine Zeit wie im Paradies. Wir haben noch nie einen so schönen Platz gefunden. Ist einfach alles da: Meer, Sandstrand, Felsen, Busch, unglaublich viele Tiere und ganz wenige Menschen.«

»Ihr müsst unbedingt hinfahren«, unterbrach Eve ihre Freundin. »Liegt aber genau am anderen Ende von Tassie, ganz im Nordosten. Stumpys Bay heißt die Bucht, im Mount William National Park. Wir haben noch nie so viele Kängurus und Wombats gesehen.«

»Aber kein Komfort. Nur Trinkwasser. Keine Duschen. Und die Klos sind auch nicht gerade umwerfend.« Jane zog die Nase kraus. »Die nächste Einkaufsmöglichkeit fünfzig Kilometer entfernt. Aber all das gab's im Paradies auch nicht, wenn ich mich recht erinnere, oder?«

Als wir uns Gute Nacht sagten, hatten sie uns längst nach Sydney eingeladen, falls wir von Paradiesen genug hätten. Und als wir unsere Gläser in die Küche zurückbrachten, kratzte ein Opossum an der Tür.

»Nachts immer die Tür zur Veranda schließen, sonst fressen die Possums alles auf«, wiederholten wir die Anweisung, die auch auf einem großen Schild an der Wand stand.

Die Possums rächten sich in dieser Nacht für die geschlossenen Türen. Stundenlang hüpften sie genau über unserem Zimmer auf und ab und spielten Fangen. Pferdeherden auf dem Dach. Paul stand mehrmals auf, um sie zu vertreiben, doch sie kehrten nach wenigen Minuten zurück. Ein Bekannter in Hobart erzählte uns später, er würde manchmal aus Verzweiflung einen Schuss abfeuern, aber auch das wirke nur ungefähr eine halbe Stunde. Danach tobten die Possums wieder herum wie boshafte Nachtgeister.

Als ich am nächsten Tag einem verbotenen Pfad folgte, entdeckte ich wieder ein Stück vom Paradies. Die berühmten Russell Falls, wohl die schönsten Wasserfälle Tasmaniens, dürfen Besucher nur von unten bewundern, vom Fuß des letzten Wassersturzes aus. Aber ich hatte weiter oben, über der zweiten oder dritten Stufe, einen Regenbogen entdeckt und kletterte zu ihm hinauf.

Paul folgte mir grummelnd, schaute sich immer wieder um. Murmelte irgendwas von Ranger und dass die Deutschen keinen Respekt vor Verboten hätten und dass ich ihn immer wieder in Schwierigkeiten ...

Er verstummte sofort, als wir die zweite Stufe der Russell Falls erreicht hatten. Feinste Wassertröpfchen benetzten uns und all die Pflanzen, die am Rand wuchsen. Direkt aus den stürzenden Wassern schwebte eine flirrende Farbwolke, ein Regenbogenfragment, die Installation eines Illusionskünstlers. Wir selbst schienen Teil dieses Regenbogens zu werden, schienen die Farben einzuatmen. Es war einer jener Augenblicke im Leben, von denen man sich wünscht, sie würden nie vergehen.

Doch wie die Buddhisten ihre kostbaren Sandbilder verwischen, um ja an nichts Irdischem zu haften, so lösten sich die zarten Farbschleier allmählich auf, und Paul rappelte sich gerade noch rechtzeitig aus seiner begeisterten Erstarrung, um ein paar Fotos zu machen.

Niemand hatte unseren verbotenen Ausflug entdeckt; mit erfrischten Herzen rutschten wir auf dem Hosenboden zum Rundweg zurück und wanderten weiter zu den Horseshoe Falls. Tasmanien ist eine Insel der Wasserfälle, Flüsse, Bäche, Seen und Sümpfe.

Diesmal waren wir im Mount Field National Park unterwegs, hatten genug von Holzfällern und Baumstümpfen. Natürlich war es auf diesem Rundweg ein bisschen wie im Zoo oder auf den ewigen Naturlehrpfaden, die überall auf der Welt zu finden sind. Trotzdem hatte sich selbst hier, nicht weit vom Informationszentrum des Nationalparks entfernt, ein Stück Wildnis erhalten. Zwei *pademelons*, eine Art Zwergkänguru, das es nur in Tasmanien gibt, hüpften gemächlich zwischen den hohen Stämmen der Sumpfeukalypten herum. Ab und zu äugten sie zu uns herüber, gruben mit ihren kleinen Händen zwischen den Rindenstücken herum, die den Boden bedeckten.

Eukalyptuswälder sind, gemessen an europäischen Wäldern, sehr unordentlich. Die meisten Eukalyptusbäume haben nämlich die Eigenschaft, sich zu häuten wie Schlangen. Ständig werfen sie lange Fetzen ihrer äußeren Rinde ab; die hängen dann an den Ästen oder Stämmen, bis ein Windstoß sie zu Boden trägt oder heftiger Regen sie abwäscht.

Zu Beginn unserer Wanderung hatten wir ein paar Minuten lang einer Rangerin zugehört, die einer Gruppe von Kindern und Erwachsenen Stofftiere zum Kauf anbot. Keine Teddys oder sonst was Knuddeliges, sondern Nachbildungen des Tasmanischen Teufels, jenes schwarzen kleinen Raubtiers, das im Gegensatz zum Tiger die Kolonisierung überlebt hat.

Lächelnd hatte die Rangerin im Gras gesessen, in ihrer schmucken Uniform, die Plüschteufel mit ihren langen Filzzähnen im Arm. Perfektes Naturschutz-Merchandising. Die Geschichten gab es gratis. Tasmanische Teufel, so berichtete die junge Försterin, haben ungeheure Gebisse. Drei Tonnen Kraft stehen dahinter, wenn sie zubeißen. Aber keine Angst! Diese Teufel sind ausschließlich Aasfresser, die Müllabfuhr des Waldes sozusagen. Immer wieder verirren sich

Wanderer in den Bergen und Wäldern, werden nie mehr gefunden. »Das liegt an den Teufeln, die die Toten mit Haut und Haar und Knochen auffressen.«

Aber das sei gut so, meinte die junge Frau lachend, als sie die erschrockenen Gesichter ihrer Zuhörer sah. Perfektes Recycling! Nur zögernd streckten die Kinder ihre Hände nach den Stoffteufeln aus. Aber Gruselgeschichten gehören ebenfalls zu Tasmanien und zu Kindern, deshalb klingelte nach kurzer Atempause doch noch die Kasse.

Für die Erwachsenen fügte die Rangerin hinzu, dass Autofahrer überfahrene Kängurus, Wallabys und Possums bitte an den Straßenrand oder in den Wald tragen sollten, damit nicht auch noch die Teufel oder etwa ein Keilschwanzadler getötet würden, wenn sie sich ans Aufräumen machten. Auch dieser Hinweis irritierte die Zuhörer sichtlich. Vielleicht überforderte es ihre Vorstellung von paradiesischer Natur, die im Nationalpark-Shop so gut genährt wurde. Hier fand die Umwandlung der Wildnis in Hochglanzbroschüren, Schlüsselanhänger, Stofftiere, Videos, Schmuckstücke, Fleecejacken mit Stickern, T-Shirts statt, und ich hatte den Eindruck, das dies einem gewissen Prozentsatz der Besucher auch durchaus reichte – was wiederum dem Nationalpark zugute kommt: finanziell auf der einen Seite und durch weniger Betrieb auf der anderen.

Wir aber machten uns auf, ein wenig weiter in die Geheimnisse der tasmanischen Wälder einzudringen, und folgten der Dirtroad Richtung Lake Dobson.

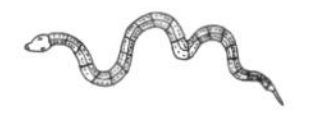

Snow gums. Äste wie Muskeln, über denen die Haut abgezogen wurde. Gelb und rot, ein wenig grau. Viele dieser ungewöhnlichen Bäume stehen dicht gedrängt am Ufer des Lake Fenton. Wir sind immer wieder begeistert von der Vielfalt der australischen Eukalyptusbäume – an die sechshundert Arten gibt es – und keine gleicht der anderen. Snow Gums wagen sich am höchsten hinaus, halten auch Schnee aus und längere Kälteperioden, ihre Wachstumsgrenze liegt bei ungefähr achthundert Metern. Die Snow Gums am Lake Fenton duckten sich in ein Tal rund um den Abfluss des Sees, wuchsen mehr in die Breite als in die Höhe. Zu kalt sind die Winterstürme über dem tasmanischen Hochland.

Doch auch in diesem Sommer – es war Ende Januar – peitschte ein kräftiger Wind das Seewasser, schon trugen die Wellen weiße Schaumkronen, und wir schlüpften in unsere Regenjacken. Auch so ein tasmanisches Ritual: Jacke aus, Jacke an und so weiter. Wir waren unseren Freunden dankbar für ihre Ratschläge. Ohne dicke Pullover und warme Jacken ist man auf dieser Insel verloren.

Während wir unsere Rucksäcke packten, um zum Mount Field East zu wandern, rollte ein rostiger großer Ford auf den kleinen Parkplatz. Northern Territory stand auf dem Nummernschild; der nördlichste Teil des australischen Kontinents, und ungefähr dreitausend Kilometer vom Lake Fenton entfernt. Der Fahrer schien allein zu sein, stieg nicht aus, sondern ließ die Rückenlehne nach hinten klappen, legte die Beine aufs Armaturenbrett und schob die Baseballmütze über die Augen.

Blitzschnell verschloss Paul den Kofferraum und runzelte die Stirn. »Hoffentlich hat der meine Fotoausrüstung nicht gesehen.«

»Glaube kaum, dass jemand extra vom Northern Territory anreist, um deine Kameras zu klauen.«

»Warum nicht? Braucht vielleicht Kohle. Aber seinetwegen schleppe ich nicht alle Kameras den Berg rauf.«

Unwillig entfernte Paul sich von unserem Wagen, drehte sich immer wieder um.

»Vergiss es!«, sagte ich. »Der ist einfach müde und will schlafen.«

»Vielleicht, vielleicht auch nicht.« Er stolperte über einen der dicken Felsbrocken, um die sich der Pfad herumschlängelte, beschloss dann, fortan auf den Weg zu achten und den vermeintlichen Dieb zu ignorieren.

Die Snow Gums direkt am Seeufer waren abgestorben, leuchteten weiß wie Geistereukalypten. Trotzdem fühlte ich mich irgendwie heimisch. Die unzähligen tasmanischen Seen sind Überbleibsel der letzten Eiszeit, also genauso alt wie die bayerischen Seen. Wieder wurde wir uns plötzlich bewusst, wie köstlich die Luft ist. Zwar schien sie direkt von der Antarktis zu kommen, trug einen kaum spürbaren Eishauch in sich, doch sie war so voll Sauerstoff und Kraft, dass wir den steilen Hang erklommen, ohne uns sehr anzustrengen.

Links und rechts vom Weg breitete sich ein endloser natürlicher Steingarten aus. Grauer Quarzit, rund geschliffen, dazwischen Heidekraut, wacholderähnliche Büsche, harte Gräser ... alles vertraut, an die Alpen erinnernd, den Apennin, und doch fremd, wilder, voll unbekannter Blumen. Vermutlich würde man sich so ähnlich fühlen, wenn auf einer Südtiroler Hochalm plötzlich ein Känguru aufspringen würde.

»It's so like England ...« Der erste Satz von Margaret Scotts Gedicht kam mir wieder in den Sinn.

It's so like Europe and it's not, dachte ich. Eher wie in einem surrealen Film, vertraut und unvertraut zugleich. Wir stiegen weiter und weiter, bis uns knapp unter dem Gipfel eine pechschwarze Wolke und eisiger Regen zur Umkehr zwangen. Der Blick über die Hochmoore und den See entschädigte uns, und Paul, der noch immer um seine Kameraausrüstung bangte, eilte mit großen Schritten zum Wagen zurück. Als wir den See erreichten, brach die Sonne aus den Wolken, und einer ihrer Scheinwerferstrahlen fiel genau auf eine junge Frau mit langen Haaren, die höchst konzentriert ihre Socken wusch.

»Hi«, sagte sie kurz, als wir an ihr vorübergingen. Schaute kaum auf.

»Hi«, antwortete Paul. »Hoffentlich werden sie trocken. Ziemlich kalt hier oben.«

»Im Wagen geht's.«

»Schon lange unterwegs?«

»Ziemlich.«

»Northern Territory, was?«

»Genau.«

»Na, dann ...«

Sie nickte und tauchte die Socken in das dunkle Seewasser. Unauffällig betrachteten wir ihren Wagen, hielten Ausschau nach dem zweiten Mann oder der zweiten Frau. Aber nichts deutete darauf hin. Sie war wirklich allein unterwegs, hatte vorhin wie ein Mann gewirkt, weil Haar und Gesicht unter der Schirmmütze versteckt waren.

»Würdest du mich allein durch Australien fahren lassen?«, fragte ich Paul.

»Nein«, sagte er.

»Warum nicht?«

»Weil schon zu viele verschwunden sind. Du hast doch die Geschichte von den Teufeln gehört, oder?«

»Aber die fressen doch keine Autos.«

»Das Auto fahren dann andere – dich fressen die Teufel.«

Die Fotoausrüstung war noch da. Wir fuhren weiter und winkten der einsamen jungen Frau zu. Sie winkte nicht zurück.

Längst hatten wir den Regenwald hinter uns gelassen und die Region der alpinen Hochmoore erreicht, durchquerten große Sumpfgrasfelder, Inseln aus Heidekraut und niedrigen Büschen, eingefasst von einer Bergkette. Es war schon Spätnachmittag, als wir den Lake Dobson erreichten. Die Wolken hingen tief, und doch war das indirekte Licht noch immer so stark, dass wir die Augen zukneifen mussten.

Paul fluchte über die UV-Strahlung und das Ozonloch über der Antarktis. »Macht nicht nur Hautkrebs und blind, sondern ist auch der Tod jedes anständigen Fotos. Filme hassen UV-Strahlung.«

Doch als wir in die Pandanus-Wälder rund um den See eintauchten, vergaß er seine schlechte Laune. Der Schraubenbaum aus der Familie der Richea ist eine der verblüffenden Urpflanzen, ähnlich dem Grasbaum *(blackboy)* auf dem Festland, nur mit breiteren Blättern, so dass er häufig an eine Agave erinnert. Ältere Pandanus-

Bäume entwickeln ebenfalls schlanke, hohe Stämme und sehen dann wie Palmen aus. Doch sie wachsen nicht unbedingt gerade nach oben wie Palmen, sondern biegen sich wie Schlangen, verschränken sich mit anderen Bäumen wie bei einer Umarmung. Genau deshalb verstärkten sie aufs Neue mein Gefühl, durch eine surreale Landschaft zu wandern – einen Palmendschungel in neunhundert Meter Höhe, inmitten eines alpinen Hochmoors. Doch nicht nur Palmen, auch Zypressen ragten auf. Allerdings handelte es sich um *pencil pines*, Verwandte ihrer südeuropäischen Artgenossen. Als auch noch schnaufend ein Schnabeligel unseren Weg kreuzte – ohne uns eines Blickes zu würdigen –, begann ich wieder ganz zaghaft an kleine Paradiese zu glauben.

Ich lief diesem ersten Schnabeligel meines Lebens einfach nach. Er wuselte geschäftig weiter, steckte seinen kleinen Rüssel hierhin und dorthin, wühlte ab und zu in einem Ameisenloch, schniefte, schmatzte und walzte weiter durch das Gebüsch. Selbst als ich ihm den Weg verstellte, beachtete er mich nicht. Stutzte nur ganz kurz und schob sich an meinen Stiefeln vorbei. Ich ließ ihn aber noch nicht in Ruhe, wollte ihn ganz genau betrachten.

Eigentlich sehen Schnabeligel oder *echidnas*, wie die Australier sagen, eher aus wie Stachelschweine, sind borstig bewehrte Urtiere, lebende Fossilien. Als solche werden diese Eier legenden Beuteltiere selbst von Wissenschaftlern bezeichnet. Außerdem tragen sie noch den wenig schmeichelhaften Namen Kloakentier. Dieses Schicksal teilen sie mit dem Schnabeltier, das noch absurder aussieht als sein igeliger Vetter und einem Riesenmaulwurf mit Entenschnabel und Schwimmflossen ähnelt. Dass es auch noch im Wasser lebt und unterirdische Baue anlegt wie ein Biber, macht es noch geheimnisvoller.

Kloakentiere haben nur einen Ausführungsgang für Harn, Kot und Eier, und obwohl sie ihre Jungen ausbrüten, sind sie Säuegetiere. Nur in Australien, Tasmanien und Neuguinea findet man diese seltsamen Wesen. Immerhin hat man sie inzwischen als eigenständige Säugetierfamilie eingeordnet, auch wenn es auf dieser Erde nur zwei Arten gibt.

Die Schnabeligel begleiteten uns auf unseren Wanderungen durch die tasmanischen Wälder wie ein Running Gag, kreuzten häufig unsere Wege, immer geschäftig einem unsichtbaren Pfad folgend und ständig Ameisen fressend. Mein erster Schnabeligel hatte irgendwann genug von meinen Annäherungsversuchen und rollte sich ein. Ich entschuldigte mich für meine Aufdringlichkeit und kehrte leise auf den Weg zurück. Eine Minute lang stellte er sich tot, dann tauchte seine Rüsselnase zwischen den Stacheln auf, und er trollte sich.

Die Wolken hingen inzwischen noch tiefer; die spitzen Blätter und schängelnden Pandanus-Stämme wirkten dunkelgrün und schwarz wie Scherenschitte. Der schmale Weg führte mitten hinein in dieses Durcheinander. Häufig mussten wir uns bücken oder seitlich an Pflanzen vorbeidrücken, die sich ganz selbstverständlich ihren Raum nahmen. Der Himmel war fast völlig zugewachsen, Donner rollte in der Ferne und ein plötzlicher Windstoß schüttelte diesen seltsamen Wald durch. Der Weg führte uns wieder zum Seeufer zurück, und wir schauten schweigend zu, wie silberner Regen über das Wasser auf uns zuflog.

Er war kalt, peitschte unsere Gesichter mit eisigen Nadelstichen. Trotzdem setzten wir keine Kapuzen auf. Der eisige Schauer belebte uns noch mehr, machte uns beide auf unerklärliche Weise glücklich. Vielleicht muss Lebendigsein manchmal weh tun.

Als wir bei Einbruch der Dunkelheit wieder am Lake Fenton vorüberfuhren, lenkte Paul den Wagen spontan auf den kleinen Parkplatz, den man von der Staubstraße aus nicht sieht. Der rostige Ford aus dem Northern Territory stand noch immer da. Die junge Frau saß auf einem Felsblock am Ufer und schaute auf den schwarzen See und die schwarzen Berge. Als sie uns hörte, wandte sie den Kopf, erhob sich halb, fluchtbereit.

Paul drehte das Fenster herunter und streckte den Kopf hinaus. »Alles in Ordnung?«, fragte er. »Wollten uns nur vergewissern, dass du keine Schwierigkeiten hast.«

»Was denn für Schwierigkeiten?« Ihre Stimme klang rau und trotzig, und wenn ich den Ton richtig verstand, dann besagte er: »Verpisst euch!«

»Na ja«, sagte Paul. »Man kann nie wissen. Ziemlich einsam hier oben.«

Sie lachte auf und sprang von ihrem Felsblock zu uns herunter. »Soll ich euch mal was sagen? Ich bin seit vier Monaten unterwegs. Hatte noch nie Schwierigkeiten, wenn's einsam war. Immer nur dann, wenn's nicht einsam war.«

»Da ist was dran«, grinste Paul. »Ich hab mich da draußen auch immer sicher gefühlt.«

»Na, siehste!«

»Also dann. Vielleicht sehen wir uns irgendwo. Fährst wahrscheinlich auch so rum.«

»Jaja. Fahr so rum. Walkabout.« Sie verzog das Gesicht.

»Aber du bist keine Aussie«, murmelte Paul.

»Näii. Aber schon lang da. Bin aus Schweden. Was dagegen?«

»Schon gut. Alles in Ordnung. Schlaf gut!«

»Keine Angst. Ich schlaf immer gut.«

Wir machten uns auf den Rückweg zur Tyenna Valley Lodge. Paul fuhr langsam. Es war die Zeit der Wildtiere. Immer wieder fingen die Scheinwerfer leuchtende Augen ein. Wallabys hüpften vor uns her, hin und wieder ein Possum.

»Ingä aus Sweden«, kicherte Paul plötzlich. »Wie in einem schlechten Fernsehfilm. Ich wette mit dir, dass sie nicht gut schläft.« (»Ingä aus Sweden« ist eine stehende Redewendung in Australien, aber vermutlich auch anderswo.)

»Wer weiß? Sie sah ziemlich abgehärtet aus.«

»Würdest du gut schlafen?«

»Nein.«

»Na siehste!«

»Aber *sie* schläft vielleicht gut.«

Ganz überzeugt war ich allerdings nicht – war eher Ausdruck meiner Solidarität mit der Schwedin. Ich hatte selbst schon viele Nächte in der Wildnis verbracht, im Zelt oder im Wagen. Nie allein, aber auch nie ganz entspannt. Vielleicht liegt es daran, dass alte Fähigkeiten in uns erwachen, wenn wir keine Tür hinter uns abschließen können, wenn kein Dach, keine Wände uns ein Gefühl von Sicherheit geben. Die Fähigkeit, zu schlafen und trotzdem auf alle Geräusche zu achten. Tiere schlafen vermutlich so, immer im Bewusstsein von Gefahren, immer bereit aufzuspringen, zu flüchten oder zu kämpfen.

Ich jedenfalls war an diesem Abend froh, in die Lodge zurückzukehren, freute mich darauf, den schweigsamen Japaner zu sehen, ein Bier mit Jane und Eve zu trinken und die Possums auf dem Dach zu hören. Als ich in dem winzigen Schlafzimmer lag, dachte ich an die einsame Frau am Lake Fenton, die vermutlich alle Wagentüren sorgfälig verschlossen hatte. Der Zündschlüssel steckte, falls sie blitzschnell losfahren musste, sie lag zusammengerollt auf dem Fahrersitz – zu unsicher, um sich nach hinten zu legen. Hatte sie die Fenster geschlossen oder wenigstens einen Spalt offen gelassen? Kannte ich alles, und ich schickte gute Wünsche zu ihr in die Nacht hinaus. Diesmal störten mich die Possums auf dem Dach überhaupt nicht.

Irgendwann nachts hörten wir Schritte, Türenklappern, ein weinendes Kind. Am nächsten Morgen standen noch zwei Frühstückskörbe in der Küche. Als wir gerade auf der Veranda unseren Kaffee schlürften, erschien ein verschlafener Vater mit einem ebenfalls verschlafenen Kind auf dem Arm.

»Hi«, murmelte er. »Is Milch im Kühlschrank?«

»Klar.«

Er nickte, setzte das Kind auf einen Stuhl und begann Kakao zu kochen. Paul schenkte ihm eine Tasse Kaffee ein.

»Hartes Leben, was?«, grinste er.

»Na ja, wenn man sie macht, dann muss man sich auch drum kümmern, oder?«, grinste der junge Vater zurück.

Später erzählte er uns, dass dies sein viertes Kind sei. Die anderen hätten sie zu Hause im Huon-Tal bei Freunden gelassen. Seine Frau brauche ein bisschen Ruhe.

»Seid ihr Tasmanier?«

»Nä, aus Adelaide. Aber schon seit zehn Jahren hier. Bauen Äpfel an und verkaufen Klamotten auf dem Salamanca-Markt in Hobart. Jeden Samstag. Kein schlechtes Geschäft. Ist ein gutes Leben hier.«

Er trug sein Haar sehr kurz geschnitten, und an beiden Ohren blitzen mehrere Ohrringe. Als ich ihn näher betrachtete, sah ich die feinen Falten in seinem Gesicht. Er war gar nicht so jung, eher vierzig als dreißig.

»Früher war ich Lehrer. Meine Frau übrigens auch. Aber uns hat's beiden gereicht. Da haben wir uns gedacht: Äpfel züchten in Tasmanien, das wär's. Da ist es nicht so heiß, und wir können uns Land leisten, ohne jahrelang wie die Blöden abzuzahlen. Stimmt's?« Er hielt der dunkelhaarigen Frau, die in diesem Augenblick die Küche betrat, seine Kaffeetasse hin.

»Was?«, gähnte sie und trank einen großen Schluck.

»Ich hab den Leuten hier gerade erzählt, dass es sich in Tassie gut leben lässt.«

»Jaja«, lächelte sie und kraulte den Hinterkopf des kleinen Jungen, der zufrieden seine Flasche trank. »Verdammt gut. Ich werd allmählich dick. Schaut euch das an!« Sie schwenkte ihre Hüften unter dem Morgenmantel. Dann wurde ihr Gesicht plötzlich ernst.

»Solange genügend Touristen kommen und auf dem Markt einkaufen, solange die Apfelernte gut ausfällt und solange wir alle gesund bleiben. Ich hab schon zweimal einen Job als Lehrerin angenommen, seit wir in Tassie leben. Immer dann, wenn's knapp wurde. Gibt kein Paradies, was?« Jetzt lachte sie wieder und goss sich selbst einen Kaffee ein. Sie sah ungeheuer gesund und kräftig aus, hatte rosige Backen und mit ihren schwarzen langen Haaren glich sie dem alten Porträt eines italienischen Künstlers.

»Wo kommt ihr denn her?«, fragte ihr Mann Alan, doch es schien ihn nicht wirklich zu interessieren. Hörte kurz zu, nickte – »Aha, Deutschland« – und schlug sofort eine Brücke zu eigenen Geschichten: »Deutsche gibt's hier auch ein paar. In der Nähe von Hobart lebt sogar so'n älterer Schauspieler, auch Deutscher.«

»Joachim Fuchsberger«, warf ich ein.

»Ja, so ähnlich. Macht manchmal bei Kultursachen hier mit.«

»Bei uns auch«, nickte ich.

»Macht ihr Urlaub?«, fragte Paul.

»So halb ... Wollten mal sehen, wie weit die im Styx-Tal mit dem Abholzen sind. Wird Zeit, dass wir Naturschützer mal wieder Flagge zeigen. Da stehen wieder 'n paar Aktionen an.«

»Was macht ihr denn für Aktionen?«

»Na, Blockaden von Holztrucks und Bulldozern, an Bäume anketten oder raufklettern und oben bleiben. Gibt 'ne Menge Möglichkeiten, die zu ärgern.« Alan stieß ein glucksendes Lachen aus. »Ich versteh's einfach nicht. Will verdammt noch mal nicht in meinen Schädel. An dieser verfluchten Abholzerei hängen höchstens fünfhundert Arbeitsplätze, und 'n paar Leute verdienen ganz gut dran. Dafür werden Urwälder kaputt gemacht. Man muss sich mal klar machen, was das ist, Urwälder. Gibt nicht mehr viele davon. Die sind meiner Meinung nach total bescheuert.«

»Passt auf! Jetzt ist er in seinem Element«, sagte Alans schöne Frau. »Wenn ihr ihn nicht bremst, hält er euch bis mittags Vorträge. Ich bin aber dafür, dass wir jetzt frühstücken und dann zum Styx rauffahren.«

»Ist ja schon gut«, lachte Alan gutmütig. »So ist das, wenn man 15 Jahre verheiratet ist. Sie kennt mich einfach zu gut.«

»Na ja«, sagte sie. »Bist immer noch gut für Überraschungen, was?«

Mit der Kaffeetasse in der Hand trat sie auf die Veranda und schaute zum rosaroten Baum hinüber, seufzte und murmelte: »Ich mag diesen Baum. Erinnert mich an ein Totem. War einfach gut die Frau, die das gemacht hat.«

Nach einer Woche fuhren wir weiter. Eigentlich wollte ich nicht. Die Lodge mit ihren seltsamen Bewohnern war mir in den wenigen Tagen zu einer Art Heimat geworden. Ein Ort zum Bleiben. Manchmal habe ich kein Talent zum Walkabout, diesem ständigen Weiterziehen, das Aborigines und Neuaustralier ein wenig verbindet. Auch der Besitzer der Lodge erzählte uns beim Abschied, dass er nicht hier bleiben werde. Die Lodge stehe zum Verkauf. Als ich einwarf, dass ich so einen Besitz nie im Leben aufgeben würde, lächelte er freundlich.

»Es wird mir zu viel. Wir haben noch eine Lodge, und außerdem bin ich politisch ziemlich engagiert. Wir Grünen haben derzeit sehr viel zu tun. Da muss man irgendetwas aufgeben. Außerdem muss man in die Lodge noch eine Menge Geld investieren. Die Hälfte der Hütten sind noch nicht renoviert.«

Als er meine zweifelnde Miene sah, fügte er hinzu: »Warum kauft ihr sie nicht? Wär doch was, oder?«

Ich dachte noch immer ernsthaft über sein Angebot nach, als wir längst unterwegs waren. Und ich dachte über die Schwerfälligkeit von Europäern nach, zumal von Deutschen, und hätte mir gewünscht, spontan ja zu sagen, die Lodge zu übernehmen und ein ganz anderes Leben zu beginnen. So wie die beiden Lehrer aus Adelaide, die jetzt Äpfel züchteten und Klamotten verkauften – indische, wie ich inzwischen erfahren hatte. Aber da waren wir bereits weit weg von der Lodge, fast schon am Ende des Tyenna-Tals und vorüber am Knusperhäuschen der beiden Blumen züchtenden Wegelagerer.

»Das willst doch nicht im Ernst«, sagte Paul, beunruhigt von meinem Schweigen.

»Eigentlich schon«, antwortete ich. »Wenn ich keine Familie in Europa hätte, würde ich es ernsthaft überlegen.«

»Weißt du, wie viel Arbeit das macht?«

»Alles im Leben macht Arbeit.«

»Schon gut. Träum weiter ... Wenn's vorbei ist, sagst du's, ja?«

»Ja«, antwortete ich und dachte an das Paradies, das wir einst in Nordwestaustralien gefunden hatten.* Auf einem Campingplatz bei Exmouth, am Fuß eines Leuchtturms, umgeben von wilden Vögeln, am Rand einer Wildnis über und unter Wasser. Der Besitzer des Campingplatzes hatte uns damals einen Job als Platzwart angeboten, einen Wohnwagen mit Fernseher, Kühlschrank und Klimaanlage, achtzig Dollar die Woche und kostenlose Unterkunft. Wir hatten darüber gelacht – der Fotograf und die Autorin. Eigentlich hätte ich das Angebot gern angenommen, wenigstens für ein paar Monate. Es bedeutete Freiheit, Essen und ein Dach über dem Kopf. Gibt es Besseres im Leben als solche Paradies-Augenblicke?

Wir haben es nicht gemacht, sondern stiegen brav in unser Flugzeug nach Europa. Vielleicht werden wir es endlich tun, wenn wir die Weisheit des Alters erreicht haben.

Während ich so meinen Gedanken nachhing, fiel mir ein alter kleiner Wagen am Straßenrand auf, geparkt an einer ziemlich ungünstigen Stelle. Einen halben Kilometer weiter überholten wir einen bärtigen jungen Mann, ein Kind auf dem rechten Arm, einen Benzinkanister in der linken Hand. Es war bereits sehr heiß. Weder der Mann noch das Kind trugen eine Kopfbedeckung, und zur Tankstelle in Westerway waren es noch mindestens fünf Kilometer. Paul und ich wechselten einen Blick, dann bremste er und wendete.

»Benzin ausgegangen, was?« Paul besaß diese unnachahmliche australische Art, gleich zum Wesentlichen zu kommen.

»Klar.« Der junge Mann zuckte verlegen die Achseln.

»Willst du mitfahren, oder sollen wir den Kanister zurückbringen? Verdammt heiß mit einem kleinen Kind.«

»Wirklich nett von euch. Ich geh mit dem Kind zum Wagen zurück und warte dort.«

Er reichte uns den Kanister und einen zerknitterten Fünf-Dollar-Schein durchs Fenster. Als er sich bückte, erschien auch der Kopf des Kindes im Fenster. Ich unterdrückte einen Aufschrei. Das Köpfchen war entstellt von einer entsetzlichen halb verschorften Wunde, sah aus, als wäre der Schädel gespalten. Das Kind aber lächelte und hielt sich am Bart des Mannes fest.

»Wir kommen so schnell wie möglich zurück«, sagte Paul und fuhr los.

»Hast du ...?«

»Natürlich hab ich. Eigentlich hätten wir die beiden ins nächste Krankenhaus fahren sollen. Aber ich hab so ein Gefühl, dass es ihm nicht Recht gewesen wäre. Sonst hätte er was gesagt.«

»Aber ...«

»Warte, bis wir mehr wissen.«

An der Tankstelle mit dem künftigen Erlebniszoo füllten wir nur den Kanister auf, kauften noch eine große Flasche Mineralwasser und Saft, der für Kleinkinder geeignet war.

»Kommen gleich wieder«, rief Paul dem enttäuschten Kleinunternehmer zu, und schon waren wir auf dem Rückweg.

Die beiden saßen im Schatten des Autos und spielten mit einem Stock. Unglaublich vertraut und friedlich. Beide tranken dankbar aus den kühlen Flaschen.

»Wirklich nett von euch, dass ihr gehalten habt«, sagte der junge Mann und wischte sich den Bart ab.

»Eigentlich normal, oder?«, murmelte Paul.

»Weiß nicht ...« Er wollte das Kind absetzen, um das Benzin in den Tank zu füllen, doch es klammerte sich an ihn.

»Kannst du es ein paar Minuten nehmen?« Er drückte mir den Kleinen in den Arm und schraubte am Kanister herum.

Wieder lächelte das Kind seltsam. Wie ein alter, weiser Mann. Und es hatte Augen, die sehr viel zu wissen schienen. Diese Augen machten mich irgendwie verlegen. Mir war, als sei dieses Kind älter als ich, obwohl es höchstens zwei Jahre alt war. Jetzt konnte ich auch die Wunde auf seinem Kopf genauer betrachten. Es war keine frische Verletzung; eine dünne, beinahe durchsichtige rote Hautschicht hatte sich gebildet, zwei Zentimeter breit, zehn Zentimeter lang. Kein einziges Haar wuchs rund um diese Narbe. In der Mitte aber befand sich eine frische Kruste, ebenfalls breit und ein wenig entzündet.

»Wie ist denn das passiert?«, fragte ich.

»Feuer«, murmelte der junge Mann. »Unser Haus ist abgebrannt. Vor einem halben Jahr. Alles weg. Konnten nur unser Leben und ihn retten. Gott sei Dank!«

»Aber diese frische Wunde ...«

»Da hat er sich gestoßen. Die Haut über der Verbrennung ist so dünn, hält gar nichts aus.«

»Ist die Verbrennung denn behandelt worden? Sie sieht immer noch so frisch aus.«

Der junge Mann schüttelte den Kopf, geduldig, als spräche er mit einem Menschen, der nichts begreift.

»Wir haben es von allein heilen lassen. Gott wollte es so.«

»Aber es ist nicht verheilt. Der Kleine braucht eigentlich eine Hauttransplantation. Er muss fürchterliche Schmerzen gehabt haben, vielleicht noch immer ...«

Paul stieß mich unauffällig an.

»Ja, er hatte große Schmerzen, aber er hält sich wunderbar. Hat nur selten geweint. Wir glauben nicht an Ärzte, musst du wissen.«

»Wo ist es denn passiert?« Ich musste einfach weiter fragen.

»In Westaustralien, in der Nähe von Denmark. Danach sind wir nach Tasmanien gezogen. Haben von der Versicherung einen kleinen Hof gekauft. Hier im Tal.«

»Läuft's?«, fragte Paul.

»Bisschen besser als in Denmark, aber nicht richtig gut. Ist aber nicht so wichtig, Hauptsache, wir haben zu essen und er hier wird wieder gesund.«

»Aber ...«

Diesmal kniff Paul mich in den Oberarm. »Also dann«, sagte er. »Alles Gute für euch beide und den Rest der Familie. Wir machen uns wieder auf den Weg.«

»Danke noch mal. War wirklich sehr nett von euch.«

Ich gab ihm den Kleinen, und beide winkten uns nach.

»Frag nicht immer so viel«, grummelte Paul.

»Warum nicht? Wieso darf man in Australien keine normalen Fragen stellen? Dieses Kind ist vermutlich noch immer in Lebensgefahr.«

»Gut möglich. Aber entweder haben seine Eltern keine Krankenversicherung und können sich schlicht nicht leisten, zum Arzt zu gehen, oder sie gehören einer dieser komischen christlichen Sekten an, die jede Art von Behandlung ablehnen. Außerdem sind Australier es nicht gewöhnt, dass man so persönliche Fragen stellt.«

»Erzählen deshalb alle fast ausschließlich von sich selbst und interessieren sich nicht für andere?«

»Ich weiß es nicht, ich weiß es nicht, ich weiß es nicht. Du fragst ja schon wieder.«

Die Wildnis ist wie ein Regenbogen;
je näher man ihr im Auto kommt,
desto weiter entfernt sie sich.

BOB BROWN

Wieder im Derwent-Tal. Jetzt im Sommer waren die Felder und Wiesen strohbleich. Wir kamen an Dörfern mit Aborigine-Namen vorbei, aber sie sahen wirklich englisch aus. Ich konnte mich nicht mit dieser verpflanzten Idylle anfreunden. Der eindeutig koloniale Stil kam mir ehrlicher vor.

Überall links und rechts der Straße lagen kleine Seen, und große Schilder priesen sie als unvergleichliche Anglerparadiese an. Ganz Tasmanien ist ein einziges Anglerparadies, und viele Einheimische verbringen ihre gesamte Freizeit an den Seen. Riesenforellen kann man hier fangen und Lachse. Außerdem leben in den klaren Flüssen die größten Süßwasserkrebse der Welt. Sie stehen allerdings seit Jahren unter Naturschutz, nachdem auch sie beinahe ausgerottet worden waren.

Die Straße stieg allmählich, und die Dörfer blieben zurück. Schneller als erwartet erreichten wir den Lake St. Claire und das Touristendorf Derwent Bridge. Es war nicht meine Gegend. Erinnerte mich zu sehr an die vermarkteten Alpen. Informationszentren, große Parkplätze, Restaurants, Blockhütten, Bootsfahrten. Der Rummel machte mich ganz krank. Ich wollte sofort zurück ins Tyenna Tal und in die Lodge. Paul lachte mich aus.

»Öffne dich dem Fortschritt«, sagte er.

»Aber wenn der Fortschritt ziemlich von gestern ist?«, gab ich zurück.

»Dann musst du eben durch.«

Na gut. Ich suchte einen Wanderweg aus und packte unseren Rucksack.

»Es ist viel zu heiß«, wandte Paul ein.

»Aber ich habe keine Lust, mehr als einen Tag hier zu verbringen. Wir gehen jetzt oder gar nicht.«

Er zuckte die Achseln.

Wir gingen. Folgten dem Cuvier Valley Track durch knisternden Trockenwald. Es hatte lange nicht geregnet, ungewöhnlich lang für Tasmanien. Der Boden war hart, das Grün der Büsche und Bäume verstaubt, und es war wirklich sehr heiß. Unsere Wanderung bekam nach kurzem etwas Verbissenes. Wieder bewahrte uns ein Schnabeligel vor einem sinnlosen Streit. Schniefelnd walzte er aus dem Gebüsch, kerzengerade auf mich zu und hielt vor meinen Stiefeln.

Ich schaute ihn an, er starrte meine Stiefel an, und eine grauhaarige Wandersfrau betrachtete uns lächelnd. »Sie sehen nicht gut, die Echidnas«, sagte sie leise und liebevoll. »Sie bräuchten eigentlich eine Brille. Aber sie sind ungeheuer hartnäckig. Vermutlich stehen Sie genau auf seinem unsichtbaren Weg, den er immer wieder geht. Nehmen Sie – pardon – mal die Beine auseinander. Wahrscheinlich hält er sie dann für eine Unterführung.«

Vorsichtig machte ich den Weg für das kleine Rüsseltier frei, indem ich einen Fuß weiter nach rechts setzte. Sofort rollte er sich halb ein, kam gleich wieder zum Vorschein und trippelte zwischen meinen Beinen hindurch.

»Sehen Sie«, lachte die Frau. »Ich wusste es! Eine meiner Freundinnen hat ein Haus direkt auf einem Echidna-Pfad gebaut. Sie hatte natürlich keine Ahnung davon. Wenn sie die Tür offen lässt, dann marschieren die kleinen Kerle mitten durch ihr Haus.«

Magischer Augenblick im Derwent-Tal

Landschaft bei Mole Creek

Begegnung im Busch

Die »Orgelpfeifen« vom Mount Wellington

Impression mit Huon-Pinie

Geisterlandschaft am King-William-Stausee

Die duftenden Lavendelfelder bei Scottsdale

Geisterbäume am Lake Dobson

Die bunten Felsen von Stumpys Bay

Blick auf Blackmans Bay

Felsküste der Tasman-Halbinsel

Begegnung von Ozean und Regenwald

Wir schauten dem drolligen Gnom nach, freuten uns einfach, dass es ihn gab.

»Dann noch einen schönen Tag«, sagte die Frau. »Ist eigentlich zu heiß für eine Wanderung, finden Sie nicht?«

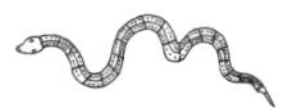

Viel zu heiß. Der Buschwald hatte die lähmende Einförmigkeit des australischen Festlands. Wir gingen trotzdem weiter, bogen aber nach fünf Kilometern auf einen Pfad ab, der zum Lake St. Clair führte. Ließen uns am Ufer in den hellen Sand fallen. Es war einer dieser tasmanischen Tage mit starker Strahlung unter feinem Wolkenschleier. Das schlimmste Licht für Fotografen, wie Paul immer wieder beteuerte. Es macht müde und ein bisschen aggressiv. Der Sand war heiß, der See irgendwie bleiern. Ab und zu sauste ein Schnellboot voller Touristen vorüber. Wir verzogen uns in den Schatten eines Baumstamms, der ans Ufer geschwemmt worden war. Schauten missmutig auf die Wellen und die dunklen Bergrücken dahinter.

»Irgendwie anders, als ich es mir vorgestellt hatte«, murrte Paul.

»Ist wie überall, oder?«, entgegnete ich.

»Wahrscheinlich. Aber wenn du aus Europa kommst, erwartest du was anderes. Nicht den gleichen Rummel wie überall und auch nicht dieses ständige Déjà-vu-Gefühl.«

Es war ungerecht. Aber manchmal ist das eben so. Der Lake St. Clair ist der tiefste Süßwassersee Australiens. Ein ganz natürlicher, kein Stausee. An seinen Ufern beginnt oder endet der berühmte Overlander Track, einer der schönsten und wildesten Wanderwege auf dem fünften Kontinent. Acht bis zehn Tage ist man vom Lake St. Clair bis zum Cradle-Mountain-Zentrum unterwegs. Zu Fuß natürlich und mit sämtlichem Proviant, denn auf diesem Weg gibt es keine Einkehr wie in den Alpen.

Eigentlich wäre alles spektakulär, doch wir konnten es nicht sehen. Das äußerste Lob, zu dem wir fähig waren, lautete »ganz okay«.

Wir gaben dem Styx-Tal und dem Mount Field National Park die Schuld, weil sie uns mit ihrer Schönheit für diese Gegend verdorben hatten. Wir hatten ein Stückchen von unserer persönlichen Paradies-Vorstellung zu fassen bekommen und wollten nicht mehr in die Wirklichkeit zurück.

Ein bisschen wirr im Kopf fuhren wir weiter, Richtung Queenstown, wurden aber von rotgoldenen späten Sonnenstrahlen auf Abwege geschickt und bogen in eine schmale Dirtroad ein, die zum Lake King William führen sollte. Doch statt auf eine wunderbare Urwaldlandschaft stießen wir wieder auf Baumstümpfe – Hunderte von Baumstümpfen. Lake King William entpuppte sich als Stausee, dem große Waldflächen zum Opfer gefallen waren. Am Ende der Staubstraße trafen wir ein auf Häuflein unerschrockener Angler, die eine kleine Zeltsiedlung aufgebaut hatten. Sie winkten uns zu und grüßten freundlich. Aber es war keine gute Gegend. Eine voll von zähem Schlamm und toten Bäumen. Lake King William hatte das Pech, außerhalb der geschützten Zone des Weltnaturerbes zu liegen, und war aufgestaut worden. Ganz knapp an der Grenze zum Cradle Mountain – Lake St. Clair National Park. Und wir fragten uns, wer die beinahe philosophische Frage beantworten konnte, wie man die Grenze zu einem Weltnaturerbe definiert.

Unser größter Fehler an diesem Tag aber sollte noch kommen. Etwas kraftlos und gleichgültig kehrten wir nach Derwent Bridge zurück. Waren müde und hatten keine Lust, lange nach einer billigen Backpacker-Unterkunft zu suchen. Deshalb mieteten wir ein Zimmer im Derwent Bridge Wilderness Hotel. Vielleicht hätte uns bereits der Name warnen sollen.

Das Zimmer war klein und einfach, ganz normal, nur ziemlich teuer. Aber als wir zum Abendessen gingen, hatten wir deutlich den Eindruck, am falschen Ort zu sein. Eine riesige Fresshalle tat sich vor unseren Augen auf, die von einem groß gemusterten Teppichboden fassungslos zu den hohen Deckenbalken hinaufwanderten. Mindestens hundert, wenn nicht zweihundert Menschen wurden hier abgefüllt – mit Riesenportionen Fleisch, Pommes, Salat, Bier.

Wir aßen irgendwas, ganz schnell. Und ich hatte die Vision von einem Fell des Tasmanischen Tigers (samt Kopf) vor dem überdimensionalen offenen Kamin, der allerdings wegen der Hitze nicht in Betrieb war.

In unserem Zimmer gab es einen Fernseher, und so schauten wir später Kricket. Es war auch nicht das Paradies, obwohl die Australier diesmal besser spielten.

Auch der nächste Morgen wurde besser. Nach erfolgreicher Flucht aus dem Wilderness Hotel: blühende Bergwiesen überall. Wieder hatten wir die Grenze zum Schutzgebiet überschritten, waren im Franklin-Gordon Wild Rivers National Park unterwegs. Meere von Glockenblumen, Margeriten und Orchideen, die unserem Knabenkraut ähnelten. Aber wir waren auf der Hut, fürchteten uns vor neuen Einbrüchen.

Immerhin hatten wir unseren Humor wieder gefunden und freuten uns über drei Berge, die wir auf der Landkarte entdeckten: Mount King William I, Mount King William II und Mount King William III, was nicht sonderlich für den Einfallsreichtum der Namensgeber sprach. Andererseits wollte ich nicht ungerecht sein, denn auch in den Alpen gibt es eine Menge Hochplatten und -spitzen, Weiß- und Schwarzhörnern und -spitzen und einiges mehr.

King William ist jedenfalls ordentlich durchnummeriert und unsterblich, auch durch den See und den nach ihm benannten Nationalpark ganz im Norden. Zumindest in Tasmanien schlägt er Feldmarschall Wellington um Längen.

Allmählich aber schauten wir wieder aufmerksamer, denn die Straße nach Queenscliff verwandelte sich in eine Passstraße, die Ausblicke über den Nationalpark mit seinen wilden Flüssen wurden immer aufregender. Regenwald bedeckte wieder Bergrücken und Täler, hin und wieder ragte ein Gipfel auf.

Und weil es unmöglich ist, der Wildnis vom Autofenster aus nahe zu kommen, brachen wir wieder zu einer Wanderung auf. Ich habe die Erfahrung gemacht, dass man nicht einmal sehr weit zu gehen braucht. Es kommt darauf an, wie man geht und was man sieht.

Auf diese Wanderung freute ich mich ganz besonders, war fast aufgeregt, denn auch in Europa hatte ich vom Kampf unzähliger Naturschützer für die Rettung des Franklin River gehört. Lange her, beinahe schon Geschichte. Erst 1983 war dieser wilde Fluss vor dem Aufstauen bewahrt worden, nach Kämpfen, die ebenso wild waren, wie er selbst – doch davon später.

Wir befanden uns inzwischen viel weiter im Westen, in einer Gegend mit wesentlich höheren Niederschlägen. Hier begannen für mich Wälder, die ich insgeheim Tolkien'sche Wälder nannte. Plötzlich hingen lange Flechten von Ästen und Stämmen. Die Bäume bekamen Bärte, und Farne wuchsen nicht nur am Boden, sondern überall – aus Astgabeln und in den Kronen des Waldes. Es duftete nach Pilzen und frischem Wasser. Schwarze Kakadus krakeelten in den Baumwipfeln, und an abgestorbenen Stämmen konnten wir die Spuren ihrer kräftigen Schnäbel erkennen.

Unversehens standen wir am Ufer des Franklin River, der hier noch ein junger Fluss war, vielleicht fünf Meter breit. Die Äste der Bäume auf beiden Seiten trafen sich über ihm, und bildeten einen grünen Tunnel. Ein paar Sonnentupfer drangen durch die Blätter. Flusswasser sprang quirlig im steinigen Bachbett dahin, war eiskalt und köstlich. Es hatte sich gerade erst auf den Weg durch wilde Schluchten, hinunter zum Gorden River und dann in den Pazifik gemacht.

Tief bewegt tauchten wir die Hände hinein, und wer die Geschichte dieses Flusses nicht kennt, mag uns für sentimental halten. Für Paul und mich war es ein magischer Augenblick. Deshalb folgt die Geschichte hier für alle, die weit weg von Tasmanien leben und deshalb nichts davon gehört haben können – sofern sie nicht zufällig international engagierte Naturschützer und Umweltaktivisten sind.

Als sie uns mit Polizeiwagen ins Gefängnis fuhren, saß ein Keilschwanzadler im Gras – Wächter über die Tragik der Wildnis. Keine Feder sträubte er, zeigte nicht das geringste Anzeichen von Furcht. Nur sein Kopf drehte sich kaum wahrnehmbar und folgte unserem lärmenden Abzug aus seinem wilden, zeitlosen Land.

BOB BROWN

Geschichten und Geschichte werden stets greifbarer und lebendiger, wenn man sie an einem Helden festmachen kann. Obwohl immer viele Menschen an großen Aktionen beteiligt sind, braucht es eine Person oder eine kleine Gruppe, die sich besonders einsetzt. Deshalb mögen mir die vielen tasmanischen und australischen Umweltschützer verzeihen, wenn ich hier die Geschichte von Bob Brown erzähle, dessen Name seit einem Vierteljahrhundert eng mit allen wesentlichen Aktionen zur Verteidigung der Natur auf der Insel verbunden ist.

Es gibt ihn noch – er ist inzwischen sechzig und seit Jahren Abgeordneter der Grünen im australischen Parlament, und er trägt den Titel Senator. Heute kämpft er nicht mehr nur für die tasmanische Wildnis, sondern für den Schutz des Cockatoo National Park, für die Kimberleys, das Great Barrier Reef, gegen die Atomindustrie und überall in Australien für den Erhalt der letzten ursprünglichen Wälder.

Er hat weniger Haare als vor fünfundzwanzig Jahren, trägt eine Brille und unterhält eine Website. Seine Reden und Aufsätze kann man im Internet abrufen, und vermutlich wird er sich mit Sehnsucht an den Beginn seines Weges erinnern – als noch nicht alles so gut organisiert war und er noch nicht einen Großteil des Jahres in Australiens langweiligster Stadt, Canberra, verbringen musste.

Bob Brown ist eigentlich Mediziner. Das erste Mal kam er Anfang der 70er Jahre nach Tasmanien, um hier als junger Arzt zu praktizieren. Doch offensichtlich hatte er schon damals Abenteuererblut in seinen Adern, denn er schloss sich in seiner Freizeit der Suche nach den letzten Tasmanischen Tigern an – vergebens. Und er wollte noch einmal den Lake Pedder sehen, ehe er geflutet wurde.

Dieser See im Südwesten der Insel war angeblich der schönste in Tasmanien. Eingebettet in unberührte Wildnis, umgeben von feinen weißen Sandstränden, stillen Buchten, Heimat vieler Schnabeltiere. Um seine Rettung entbrannte ein bitterer Kampf zwischen der Hydro Electric Commission, die von der tasmanischen Regierung unterstützt wurde, auf der einen Seite und Umweltschützern auf der anderen. Es war die Zeit, in der überall auf der Erde eine neue Achtsamkeit oder vielmehr ein neues Bewusstsein dafür entstand, wie gefährdet die Natur ist.

In Tasmanien wird die Wasserkraft seit den 20er Jahren des letzten Jahrhunderts genutzt, und die Hydro, wie die Planungsgesellschaft genannt wird, arbeitete sich erfolgreich von See zu See, von Schlucht zu Schlucht voran. Den meisten Wasserkraftwerken gab man Namen, die der verloren gegangenen Sprache der Ureinwohner entnommen waren – Waddamana zum Beispiel, was ungefähr »großer, lauter Fluss« bedeutet, oder Tungatinah (Regenschauer), Catagunya (schwarzer Schwan), Liaweene (frisches, süßes Wasser) oder Liapootah (kleiner Fluss). Dass diese Namen gewählt wurden, ist nicht ganz leicht zu begreifen und mag manchem zynisch erscheinen.

Gegen Wasserkraft an sich ist nichts einzuwenden, wenn sie sich, wie alles, in Grenzen hält. Doch selbst als der Strombedarf Tasmaniens längst gedeckt war, gingen die Planungen immer weiter. Und das kennen wir alle: Sobald etwas auf dieser Welt wirtschaftlich funktioniert, gibt es kein Halten mehr, wenn nicht jemand laut »Stopp!« brüllt.

Die Kämpfe um den Lake Pedder waren erfolglos. Doch die tasmanischen Aktivisten blieben wachsam. Im August 1976 gründeten sie die Tasmanian Wilderness Society (TWS) mit dem Ziel, »zu schützen und auszuweiten, was von der tasmanischen Wildnis übrig geblieben ist«.

Und hier kommt wieder Dr. Bob Brown ins Spiel, der inzwischen eine Farm bei Liffey in Nordtasmanien besaß, mitten im Busch und mit Schildern am Eingang, die Vorübergehende willkommen hießen. Nun kommen in Tasmanien nicht sehr viele Menschen vorbei, deshalb kann man sich so ein Schild leisten. Die Gründungsversammlung der TWS fand also in Doc Browns gastfreundlichem Buschhaus statt.

1979 übernahm er die Führung des TWS und machte sie nach kurzer Zeit zur stärksten Umweltorganisation Australiens. Allerdings hatte er sich bis dahin bereits durch ungewöhnliche Aktionen einen Namen gemacht. So hielt er beim Besuch des US-Flugzeugträgers *Enterprise* eine Woche lang auf dem schneebedeckten Mont Wellington aus, um gegen die atomare Rüstung zu protestieren. Im Rahmen seiner Arbeit als Arzt wies er Gesundheitsrisiken bei Industriearbeitern nach. Doch bald widmete er sich fast ausschließlich der Wilderness Society, denn nun hatte die Hydro den Franklin und den Gordon River ins Visier genommen, das Herz einer bisher unberührten Regenwaldregion im Südwesten.

In der Wildnis bin ich mir selbst am nächsten gekommen,
dem Universum und der Erkenntnis, dass es einen Gott gibt.

BOB BROWN

Man warf der TWS Selbstsüchtigkeit vor. Dieses riesige, unzugängliche Gebiet rund um die beiden Flüsse könne man nicht allein für erfahrene Wildniswanderer und Floßfahrer bewahren. Bob Brown antwortete, dass viele Menschen einfach froh darüber seien, dass die Wildnis existiere, auch wenn sie nicht darin herumlaufen können.

Auf einmal stand eine breite Front von Naturfreunden den Entwicklungsstrategen in Wirtschaft und Politik gegenüber. Die Verwaltung der tasmanischen Nationalparks stellte ein Gegengutachten auf und setzte sich dafür ein, hier einen Nationalpark der wilden Flüsse zu schaffen. Er wurde 1981 tatsächlich offiziell anerkannt. Doch die Dammplaner gaben nicht auf. Diesmal hatten sie ein Argument, das weltweit als Ultima Ratio gilt, wenn Umwelt oder Dritte Welt niedergebügelt werden sollen: die hohe Arbeitslosigkeit in Tasmanien. Dammbau schaffe Arbeitsplätze und Aufträge für die darbende Zulieferindustrie auf der Insel.

Doch Bob Brown hatte bereits damit begonnen, den Widerstand gegen die Dammprojekte strategisch zu planen. In Hobart fanden regelmäßig große Demonstrationen der Naturschützer statt. Die No Dams Campaigne, die inzwischen das gesamte umweltbewegte Australien erfasst hatte, nahm solche Ausmaße an, dass Tasmaniens Premierminister, Doug Lowe, und die gesamte Regierung gehen mussten. Obwohl bereits damals der wilde Südwesten der Insel in die Liste der UNESCO-Schutzgebiete aufgenommen und damit zum Welt-Naturerbe erklärt wurde, wollte auch die neue Regierung nicht aufgeben.

Nun muss man berücksichtigen, dass in den 70er und auch noch in den 80er Jahren Umweltschützer in Australien als Linksradikale und Fanatiker eingestuft wurden – nicht nur von den Politikern, sondern auch von den Medien und vielen Bürgern. Dr. Bob Brown passte zwar nicht in dieses Bild – er trug das Haar kurz und nicht als wilde Mähne, war häufig im Anzug zu sehen und besaß ausgesprochen gute Umgangsformen. Aber das machte ihn vermutlich noch verdächtiger. Und er dachte nicht daran, auch nur einen Millimeter nachzugeben. Seinen Leitsatz hatte er für einen Kalender der TWS formuliert: »Wenn wir es schaffen, den Franklin River zu retten, können wir hier, im Hinterhof von Tasmanien, etwas zum dauerhaften Wohl der gesamten Menschheit erreichen. Es wird keine andere Zeit und keine anderen Menschen geben, die das tun können. *Wir* müssen den Franklin verteidigen.«

Er selbst ging mit gutem Beispiel voran. In der heißen Phase der Auseinandersetzungen schlief und arbeitete er im Büro der TWS und koordinierte die wachsende Zahl derer, die zur Blockade der Bauarbeiten anreisten. Die Hydro und der Staat schlugen zurück. Über tausend Demonstranten wurden verhaftet und eingesperrt. Begründung: unerlaubtes Betreten von Land im Besitz der Hydro. Auch Bob Brown wurde festgenommen und zu neunzehn Tagen Gefängnis verurteilt.

Ausgerechnet in dieser Zeit wurde er zum »Australier des Jahres 1982« ernannt und erhielt damit eine der höchsten Auszeichnungen des Landes. Die Damm-Befürworter hatten das Nachsehen.

Diese Wertschätzung des aktiven Arztes wurde jedoch nicht von allen geteilt. Am 14. Januar 1983 lauerte ihm in Strahan eine Horde Jugendlicher auf und verprügelte ihn. Die jungen Männer fühlten sich von den Greenies, den Grünen, bedroht und um ihre künftigen Jobs gebracht. Bob Brown überstand auch diese Attacke und erklärte kurz darauf, die TWS habe genügend Mittel für acht Jahre Widerstand. Außerdem zog er als Abgeordneter der Grünen ins tasmanische Parlament ein.

Die endgültige Rettung der wilden Flüsse aber kam schneller und von anderer Seite als erwartet. Der Oberste Gerichtshof Australiens sprach ein Urteil gegen den Bau neuer Dämme in Tasmanien. Die Umweltschützer jubelten, doch viele Tasmanier sahen durch diese Entscheidung die Unabhängigkeit ihres Staates gefährdet und das Fundament des Föderalismus in Frage gestellt. Der Zentralstaat nahm sich damit die Entscheidungsmacht in Fragen von allgemeinem Interesse. Das mussten die Tasmanier auch bei ihrem Versuch erleben, die Homosexualität unter Strafe zu stellen.

Nachdem nun also die Schlacht um das Land der wilden Flüsse gewonnen war, wagte sich die TWS in andere Bereiche vor. Sie strich das T für Tasmanien und nannte sich von nun an nur noch The Wilderness Society. Bob Brown blieb ihr Direktor und erklärte, man werde sich nun mit großem Selbstbewusstsein überall in Australien für die Umwelt einsetzen. Er selbst hängte seinen weißen Kittel endgültig an den Nagel und wurde Politiker.

Und da die australischen Grünen im liberalen Premierminister John Howard einen wunderbaren Gegner haben, sind ihre Positionen bis heute radikaler und klarer als die der Grünen hier in Deutschland.

Wir sehen, wie wertvoller Lebensraum zerstört wird,
wie mehr und mehr verloren geht und wie nichts übrig
bleibt als leere Taschen für die Demokratie.

GÜNTER GRASS

Was sich wie ein Märchen anhört, hat eine Fortsetzung. Das »und wenn sie nicht gestorben sind, dann leben (in diesem Fall ›kämpfen‹) sie noch heute« trifft zwar zu, doch der Kampf ist nicht einfacher geworden. Ich habe das Styx-Tal gesehen, ohne mich vorher zu informieren, und konnte nicht fassen, was dort geschieht. Doch eine genaue Beschreibung der Methode des *clear-cutting*, wie es in Tasmanien betrieben wird, liest sich wie eine jugendgefährdende Gewaltdarstellung. Sie gehört in dieses Buch, wie die Vertreibung zum Paradies gehört.

Die Zerstörung beginnt mit dem Angriff der Bulldozer – Monstermaschinen mit zweihundertfünfzig Pferdestärken. Sie räumen mit dem Unterholz und den schwächeren Bäumen auf. Wie Zahnstocher bersten die Stämme unter ihrem Ansturm. Nur an die riesigen Hartholzbäume werden Kettensägen angesetzt. Eine gewaltige Entastungs- und Entrindungsmaschine greift sich Stamm um Stamm und lädt sie gleich auf einen Laster. Das zurückbleibende Schlachtfeld wird ein paar Wochen lang von Sonne und Wind getrocknet, dann werfen Hubschrauber Tausende von Brandzündern ab und verwandeln das Areal tagelang in ein flammendes Inferno, dessen Rauchsäulen an die brennenden Regenwälder des Amazonas erinnern.

Ist das Ganze wieder abgekühlt, werden die Wallabys und Possums, die sich in die umliegenden Wälder geflüchtet haben, mit Karotten und anderen Leckerbissen angelockt. Erst sind es einfach nur Leckerbissen, doch nach ein paar Tagen ist es Gift. Die Tiere, darunter auch einige geschützte Arten, sterben langsam und qualvoll. Danach werden Eukalyptussamen ausgestreut – meist *Tasmanian blue gums*, die besonders schnell wachsen. Urwald wird zur Plantage. Tiere haben hier keinen Platz, da sie gern Baumschösslinge anknabbern.

Senator Bob Brown, die Wilderness Society und andere Umweltgruppen haben den Kampf gegen die Holzindustrie nicht aufgegeben. Die allerdings ist mächtig, produziert jedes Jahr weit über fünf Millionen Tonnen Holzspäne, die vor allem in Japan und Indonesien zu Verpackungsmaterial und Zeitungspapier verarbeitet werden.Beim Kampf um die Wildnis geht es um viel Geld. Allein das Holz im Styx-Tal hat einen Wert von schätzungsweise 250 Millionen Dollar. Die Aktien der Holzfirma Gunns sind in Australien beliebt und gelten als gewinnträchtig. Übrigens auch bei der Deutschen Bank, die einen Anteil von immerhin fünf Prozent hält. Womit wieder einmal alle an allem beteiligt sind.

Doch die Pläne der Holzindustrie gehen wesentlich weiter, denn nun ist man auf die Idee gekommen, Holzkraftwerke zu errichten, um Strom zu erzeugen. Bisher sind zwei geplant, eines im Süden und eines im Norden der Insel. Zudem vergibt die tasmanische Regierung mehr Lizenzen zum Holzeinschlag als jemals zuvor. Außerdem sieht ein Entwicklungsplan die Verdreifachung der Holzplantagen bis zum Jahr 2020 vor. *Paradise lost* ... wenn die Menschen nicht begreifen, dass Wildnis heute einen Wert darstellt, der höher zu veranschlagen ist als Geld und Wachstumsraten. Heute, da wir die Wildnis fast gänzlich vernichtet haben. Nicht nur in Tasmanien.

Ich habe wieder einen Wasserfall gesehen, den ich nie vergessen werde. Halbrund die glänzenden schwarzen Felsen. Farne und gelbe Blumen wuchsen aus ihren Spalten. Das Wasser, weiß sprühend, fiel an die zwanzig Meter tief in einen beinahe kreisrunden Kessel. Bemooste Äste ragten in die Gischt, grüne Riesenschlangen mit Vogelköpfen. Die Federblätter der Baumfarne bewegten sich sacht. Dämmerlicht. Nur wenn ich den Kopf in den Nacken legte, sah ich ein Stück blauen Himmels, rund zwischen den Baumwipfeln. Ein winziger Vogel klammerte sich an den Fels und ließ sich das Gefieder besprühen. Eine Stunde lang saß ich und schaute nur, lauschte dem Wasser, den Vögeln und der großen Stille hinter allem. Fühlte mich schwindlig, als ich mich endlich losriss.

Im Gebiet der wilden Flüsse gibt es heilige Plätze der Aborigines. Man fand Höhlen mit Felszeichnungen, Steine, die auf eine bestimmte Weise angeordnet waren. Die tasmanischen Ureinwohner hatten ihre eigene Kultur entwickelt, nachdem sie vor rund 10 000 Jahren vom Festland abgeschnitten worden waren – als Tasmanien vom australischen Kontinent wegdriftete. Heute gibt es wieder eine kleine Aborigine-Gemeinde in Tasmanien – Nachkommen der Ausgerotteten mit vielfach gemischtem Blut, manche so weiß, dass man sie niemals für Aborigines halten würde. Ihnen wurden in den letzten Jahren die spirituellen Orte ihrer Vorfahren zurückgegeben. Ein später Versuch, wenigstens ein bisschen wieder gut zu machen.

Schon nach ein paar Kilometern war klar, dass wir das Schutzgebiet hinter uns gelassen hatten. Die Vegetation zersetzte sich, plötzlich waren die Berghänge kahl und grau, die großen Seen nackt. Es waren nicht mehrere Seen, sondern nur einer, der Lake Burbury, der, wie viele andere in Tasmanien, irgendwann viele Täler überflutet hat. Die Landschaft hier war auf seltsame Weise *neat and tidy* (sauber und ordentlich) – ein Lieblingsausdruck vieler Australier. Gezähmtes Land. Breite betonierte Bootsrampen führten zum See hinab, Camping- und Picknickplätze säumten die Ufer. Der Rasen beinahe englisch. Ein Anglerpardies.

Je näher wir der alten Bergwerksstadt Queenstown kamen, desto kahler wurden die Berge und Täler, obwohl hier eigentlich Regenwälder wachsen sollten. Stattdessen nackte Erde, tiefe Schrunden – vom Regen ausgewaschen, Erosion. Die Berge selbst farbig: rötlich, gelb, grünlich. Wie vergiftet. Wir stiegen einen Hang hinauf, auf dem wir den einzigen Baum der Gegend entdeckt hatten. Eine dunkelgrüne Zypresse. Bewegten uns vorsichtig, als bedrohe auch uns dieses unsichtbare Gift, das sich über das Land gesenkt zu haben schien. Selbst die Luft hatte sich verändert, roch kaum merklich nach Schwefel, als befinde sich in der Nähe das Tor zu Hölle oder ein Vulkan.

Nur wenige niedrige Büsche krochen am Boden entlang, sahen irgendwie verkrüppelt aus. Es war kurz nach Mittag. Das Licht beinahe weiß. Als wir uns endlich der Zypresse näherten, sahen wir uns verblüfft an. Ein winziger Friedhof lag auf dem Rücken des Hügels. Nicht mehr als fünfzehn Gräber, fast alle von einem Buschfeuer verwüstet. Verkohlte, zerschmolzene Plastikblumen lagen neben geschwärzten Grabsteinen. Die meisten Inschriften waren im Lauf der Zeit unleserlich geworden. Bei einigen konnten wir noch entziffern, dass es sich um Minenarbeiter handelte, gestorben zu Beginn des letzten Jahrhunderts.

Ein einziges Grab war vom Feuer verschont geblieben und nicht neben, sondern aus ihm wuchs die kräftige Zypresse. Es war das Grab einer jungen Frau, nicht älter als zwanzig. Sie hieß Mary, wie Pauls Vorfahrin.

Die Zypresse kam uns vor wie ein Lebenszeichen dieses Mädchens – wie eine Fahne, die sie auf den Hügel gepflanzt hatte, um Reisende heraufzurufen, die sich ihrer erinnern sollten. Von Marys Grab aus überlickte man das ganze Tal. Ein Todeshauch schien hindurchzuziehen. Nur ganz unten, an den Rändern eines kleinen Bachs, regte sich so etwas wie Leben. Dort wuchs ein grüner krauser Pelz und schlängelte sich am Wasser entlang durch die graugelbe Wüstenei.

Später fanden wir heraus, dass tatsächlich giftige Dämpfe die gesamte Vegetation in der Umgebung von Queenstown vernichtet hatten. Über hundert Jahre lang wurde hier Kupfer aus dem Gestein geschmolzen. Bereits 1920 waren sämtliche Regenwaldbäume der Gegend abgeholzt und in den Schmelzöfen verfeuert worden. Die Schwefeldämpfe besorgten den Rest. Queenstown ist seither von kahlen Geisterbergen umgeben. Der letzte Kupferschmelzofen wurde 1969 geschlossen, doch die Vergiftung der Böden und die Folgen der

Erosion wirkten sich so nachhaltig aus, dass erst jetzt, nach fast vierzig Jahren, zaghafte Pionierpflanzen einen neuen Anfang wagen.

Als wir die steilen Serpentinen zu der kleinen Stadt hinunterfuhren, faszinierten uns die Felswände am Straßenrand. Sie leuchteten in allen Farben, aber nicht so, dass wir uns wirklich darüber freuen konnten – eher wie eine tödliche Verlockung.

Queenstown ist klein, wirkt verloren am Fuß seiner kaputten Berge. Aber da steht das Empire Hotel: klassizistisch, georgianisch, fantastisch. Erbaut 1901, in der besten Zeit, die dieses Städtchen wohl erlebt hat.

»Können wir uns das leisten?«, fragte ich Paul.

»Keine Ahnung. Aber wahrscheinlich ist es innen von Motten zerfressen, und im Bad, falls es eins gibt, rennen die Kakerlaken rum.«

Wir parkten im Schatten der umlaufenden Arkaden, brachten unsere Kleidung ein wenig in Ordnung und betraten das imposante Foyer. Unsere Schritte wurden lautlos, dunkelrote weiche Teppiche bedeckten den Boden. Eine anmutig geschnitzte Treppe führte in ein Zwischenstockwerk, teilte sich dann in zwei Treppen. Bunte Glasmosaike zierten die Fenster. Es war, als hätten wir mit dem Öffnen der Tür ein anderes Zeitalter betreten.

»Nicht schlecht«, murmelte Paul. »Frag du, was es kostet.«

»Wieso ich?«

»Dann wird's vielleicht billiger.«

Aber es war niemand da, den ich fragen konnte. Es kam auch niemand, obwohl wir auf die Klingel an der Rezeption drückten. Nach fünf Minuten folgten wir dem Schild »Restaurant, Bar« – durch einen finsteren Flur, in dem es intensiv nach Pommes roch. Die Kneipe war riesig, der Tresen sicher zwanzig Meter lang. Auch hier war es ziemlich dunkel. Ein paar Männer spielten Billard, andere versuchten ihr Glück an einarmigen Banditen.

Der Wirt, ein blonder, fülliger Mann um die vierzig, betrachtete uns skeptisch, als ich nach dem Zimmerpreis fragte.

»Na ja«, sagte er. »Sie dürfen nicht zu viel erwarten. Es ist ein historischer Kasten. Aber was Besonderes. Ich meine, der Komfort ist nicht so wie im Motel unten an der Hauptstraße.«

»Das macht nichts. Wir finden dieses Hotel einfach wunderschön.«

»Tja. Nett von euch. Ist es ja auch. Also ... ein Doppelzimmer mit Dusche kostet vierzig Dollar.«

»Entschuldigen Sie ... sagten Sie vierzig?« Paul trat mir leicht auf den Fuß.

»Ja, vierzig. Billiger geht's nicht. Abendessen gibt's hier unten im Speisesaal, falls ihr Hunger habt. Nehmt ihr das Zimmer?« Er drehte sich zum Schlüsselkasten und wartete mit halb erhobenem Arm auf unsere Entscheidung.

»Ja, natürlich nehmen wir das Zimmer«, sagte Paul.

»Gut.« Er gab uns Schlüssel Nr. 17. »Treppe rauf und dann rechts. Schaut euch die Treppe ganz genau an. Das Holz ist von hier, Blackwood. Aber hergestellt wurde das ganze Ding in England. Stellt euch das mal vor! Die haben das Holz hingeschafft und das fertige Treppenhaus wieder zurückgebracht. Müssen verdammt viel Kohle gehabt haben, damals. Na ja, damals sind die Hochöfen mit Volldampf gelaufen, und das hier war'n richtiges Luxushotel.« Er seufzte und zuckte die Achseln.

Wir gingen nach oben, ließen die Hände über das Geländer gleiten, trennten uns im Zwischengeschoss – gingen einer rechts, der andere links –, trafen uns oben in einer riesigen Halle, von der viele Flure mit Zimmern abzweigten. Rote weiche Teppiche auch hier, knarrende Dielen darunter, ein Aufenthaltsraum mit alten Möbeln, große Arrangements künstlicher Blumen, Bleiglasfenster, deren bunte Ornamente unwirkliches Licht einließen. Ich wartete nur darauf, dass eine Lady mit wallendem Gewand und geschnürtem Mieder aus einer der Türen trat, gefolgt von einer Zofe mit Spitzenhäubchen. Aber es blieb ganz still, roch ein wenig nach Mottenkugeln.

Unser Zimmer entpuppte sich als Zimmerflucht: zwei Räume und ein großes Badezimmer mit wunderschönen alten Fliesen – aber eben alles historisch. Die Farbe blätterte ab, das Waschbecken hatte Sprünge, die Duschwanne gelbe Flecken. Uns störte das nicht. Es machte genau den Charme, das Kostbare an diesem alten Hotel aus. Noch war es nicht zu einem »Romantic Hotel« verkommen, wie all die schönen alten Gasthöfe in Europa, die nach der Luxussanierung innen aussahen wie eben alles überall und außerdem noch unerschwinglich waren.

Für vierzig Dollar ein Gefühl für die Blüte der Kolonialzeit in Tasmanien zu bekommen war spottbillig. Gratis dazu gab es eine Lektion in Vergänglichkeit, und auch die war einiges wert.

Es gab nur eine Hauptstraße in Queenstown, die Orr Street. Man könnte hier ganz gut einen Western drehen oder ein Goldgräberdrama. Die klassischen Vordächer auf Holzpfeilern, niedrige Häuser, ein paar alte Hotels. Der Eingang zum Hunters Hotel vernagelt. Queenstown ist tatsächlich in einem Goldrausch entstanden, in den 80er und 90er Jahren des 19. Jahrhunderts. Damals fand man im Queens River Gold, und man weiß ja inzwischen, was passiert, wenn Gold gefunden wird. War aber nicht genug Gold. Danach kam das Kupfer. Und das war nichts für Abenteurer, sondern nur für harte Arbeiter.

Die Orr Street war still. Viele Geschäfte aufgegeben, viele Häuser vergammelt – eine sterbende Stadt? Die wenigen Menschen, die uns begegneten, grüßten freundlich – so, wie man eben in der Provinz grüßt, wo Fremde noch etwas Besonderes sind. Eher Gäste als Touristen. Ein junges Mädchen, vielleicht vierzehn, mit Nasenring, Steckern im Ohr und zerschlissenen Jeans, zeigte auf meinen Gürtel. »Der is cool«, sagte sie.

»Mir gefällt er auch«, antwortete ich.

Sie verzog das Gesicht und lächelte schief. Wahrscheinlich hatte sie erwartet, dass ich ihr den Gürtel schenke.

»Der Gürtel ist so was wie mein Talisman«, erklärte ich.

»Ach so ... na ja. Wo kommt'n ihr her?«

»Aus Deutschland.«

»Würd ich auch gern mal sehen. Hier ist ja nix los.« Sie kicherte plötzlich und lief weg. Winkte aus einiger Entfernung und gesellte sich zu einer Gruppe von Jungen und Mädchen auf Skateboards.

Außer den paar historischen Gebäuden gab es eigentlich nur noch eine Attraktion in der Orr Street: eine kleine Backstube, in der duftende frische Waffeln angeboten wurden. Das war nun wirklich sehr englisch – mit Spitzenvorhängen, Puppen auf Regalen und selbst gemachten Marmeladen.

Als die Sonne unterging und das Scheinwerferlicht des späten Nachmittags auf Queenstown warf, kamen mir die alten Häuser noch mehr wie Kulissen vor, und wir umrundeten sie, um zu sehen, ob sie aus Pappe waren. Sie waren echt.

Queenstown strahlte eine anrührende Zähigkeit aus, die mich an die Zypresse der toten Mary auf dem Hügel erinnerte. Später, im Foyer unseres vergilbten Luxushotels, fiel mir ein Prospekt in die Hand, der für das »Projekt Queenstown« warb. Mit eigenem Logo natürlich. Und es gab tatsächlich etwas, das Touristen anlocken konnte: die Abt-Eisenbahn, so benannt nach ihrem Erbauer Roman Abt. Ihr erster Bauabschnitt wurde 1896 eröffnet und verband Queenstown mit dem King River (man beachte übrigens wieder die Kreativität der Namensgebung von Queen River und Queenstown zu King River; die Monarchie ist eine schwere Bürde). Damals herrschte wohl wirklich »Wildwest-Tasmanien«. Die Goldsucher und Minenarbeiter waren vollkommen isoliert vom Rest der Insel. Noch gab es keine Straßenverbindung über die Berge nach Hobart. Immer wieder war es schwierig, die Menschen in dieser unwegsamen Region mit dem Nötigsten zu versorgen. Dabei lebten auf dem Höhepunkt des Gold- und Mineralrausches an die 20 000 hier. Mit Booten brachte man die Vorräte den King River herauf, von dort schleppten Männer sie weiter zu den Minen, erst später benutzte man Packpferde. Das Leben wurde erst einfacher, als die kleine Eisenbahnlinie das Hafenstädtchen Strahan mit Queenstown verband. Dann erst lohnten sich der Abbau von Kupfer und die Schmelze in größerem Umfang, denn mit der Eisenbahn konnte natürlich auch das Kupfer zu den Schiffen transportiert werden. An einigen Stellen war die Strecke so steil, dass zusätzlich eine Zahnradkonstruktion eingebaut wurde, in die man die Lokomotive einklinken konnte. Auch das war eine Erfindung von Mr. Abt.

Die Bahntrasse wurde durch ein fantastisches Regenwaldgebiet geschlagen. Und das ist heute die Chance für Queenstown: ein historischer Bummelzug, der eineinhalb Stunden Wildnisgenuss ohne Risiko bietet. Erst 2001 wurde die Abt-Eisenbahn wieder in Betrieb genommen. Jetzt nennt sie sich The Abt Wilderness Railway. 1963 war sie stillgelegt worden, und der Regenwald hatte sie schnell wieder in Besitz genommen. Heute, nach der Wiederherstellung, setzen die Einwohner von Queenstown ihre ganze Hoffnung auf sie. Auch Kupfer wird wieder abgebaut, doch es lohnt sich kaum. Der Preis auf dem Weltmarkt ist zu niedrig.

Der Inhaber des kleinen Fotogeschäfts am Rand der Stadt verkaufte auch Mineralien, um sein Einkommen ein bisschen aufzubessern. Auf einem großen Schild pries er »2 hour photos« an, aber es gab nicht viele Touristen, die seine Dienste in Anspruch nahmen. Er klagte nicht, aber er sah mutlos aus. Einer, der ständig die Achseln zuckte, weil ihm die Hoffnung abhanden gekommen ist. Sein kleiner Sohn polierte die Steine. Wir kauften sechs, obwohl wir nur zwei wollten.

Strahan war anders. Nur 35 Kilometer von Queenstown entfernt, doch platzte es schier vor Aktivität und Attraktionen. Wir wussten nichts, lasen nichts, schauten einfach. Schon jetzt hatten wir diese neue Art des Reisens schätzen gelernt. Liest man im Reiseführer, ist man bereits voller Erwartungen und Vorurteile. Glaubt zu wissen, obwohl man gar nichts weiß. Bei einer Stadt wie Sydney oder Rom ist das natürlich schwierig, denn zu viel hat man bereits gehört, geradezu osmotisch aufgenommen. Aber bei Tasmanien war es ziemlich einfach, denn welcher Europäer kennt schon Maydena, Queenstown oder Strahan?

Unser allererster Eindruck nach der Rückkehr aus der Wildnis: Hier ist zu viel los. Wie in einer italienisch-englischen Hafenstadt. Aber nur eine Häuserreihe zieht sich an der Hafenpromenade entlang. Nichts dahinter. Dazu die üblichen Lockrufe: »Nehmen Sie unser Schiff in die unberührte Wildnis des Gordon River. Voll klimatisiert, Drei-Gänge-Menü (ohne Getränke), Besuch der Gefängnisinsel ...« und so weiter und so weiter.

»Wenn ihr jetzt bucht, kostet's zehn Dollar weniger pro Kopf«, rief uns der Werber zu, der vor der Reederei Prospekte verteilte.

»Bei uns geht's schneller. Speedboat-Vergnügen. Etwas für Abenteurer«, tönte die Konkurrenz. Es war wie am Hamburger Hafen. Sogar die Schiffe sahen ähnlich aus.

»Not for me«, brummte Paul und zog sich in das schicke Hafen-Bistro zurück, um einen Cappuccino zu trinken.

Ich blieb am Hafen, setzte mich auf einen Polder. Neben den Ausflugsbooten gab es noch einige Fischkutter. Wie ein riesiger See dehnt sich Macquarie Harbour aus, das gegenüberliegende Ufer ist kaum zu sehen. Dunst stieg von den fernen Wäldern auf, ein paar Kormorane flogen knapp über der Wasseroberfläche, und die Sonne schickte wieder harte Speere vom Himmel. Ein hoher Ton schien von irgendwoher zu kommen, kaum hörbar. Die Marktschreier waren verstummt. Ab und zu schwappte eine Welle zu mir herauf.

Wieder einer dieser Augenblicke, in denen die Zeit stillsteht und man mit ein wenig Glück den Durchschlupf in eine andere Welt finden könnte.

Um in den Riesenfjord, an dessen Ufer ich saß, zu gelangen, musste man ebenfalls den Durchschlupf finden. Hells Gate, Höllentor, heißt diese Öffnung und bezog sich früher wohl gleich auf mehrere Höllen: auf die des wilden Ozeans, der unzählige Schiffe auf der vorgelagerten Sandbank zerschellen ließ; und auf eine andere Hölle, eine von Menschen gemachte: Macquarie Harbour war die Endstation für die *out and outers* – so nannte man gewalttätige und aufsässige Gefangene. 1821 hatte man endlich die Lösung für diese Leute gefunden – einen Ort, von dem sie nicht entkommen konnten und dem Empire trotzdem gute Dienste leisteten. Erst kurz zuvor hatten Abenteurer den großen Fjord entdeckt – auf der Suche nach der Huon-Pinie, deren gewaltige Stämme immer wieder an den Küsten angeschwemmt wurden.

Das harte Holz dieser Bäume kam einer Goldmine gleich, war hoch begehrt für den Bau von Schiffen. Die Urwälder an den Ufern von Macquarie Harbour waren voll von Huon-Pinien, viele davon zweitausend Jahre alt. Also ging es ans Plündern. Die Sklaven waren auch schon da. Rund dreihundert Gefangene wurden auf einer kleinen Insel, Sarah Island, eingesperrt. Tagsüber brachte man sie in die Urwälder an der Küste und entlang des Gordon River. Bis zu zwölf Stunden mussten sie jeden Tag arbeiten. Häufig in Fußketten und bis zur Hüfte im Wasser, fällten sie die Riesenbäume – ohne Kettensägen und Bulldozer wie die modernen Plünderer. Arbeiteten mit Äxten und Sägen, fügten die Stämme zu Flößen zusammen und brachten sie zur Insel zurück, wo sie aufgeschichtet wurden – Riesenstämme, die so manchen unter sich begruben, Beine zerquetschten, Hände, Arme.

Ein Teil der Gefangenen zersägte das Holz, andere wurden beim Schiffbau eingesetzt. Über ein Dutzend große Segelschiffe und viele kleinere Boote bauten die Sträflinge von Macquarie Harbour. Viele tausend Tonnen des wertvollen Holzes wurden in alle Welt verschifft.

Als Tagesproviant bekam jeder Gefangene eine Ration Mehl, Salz und Wasser. Eine warme Mahlzeit gab es erst am Abend nach der Rückkehr. Wer sich wiedersetzte, wurde mit der neunschwänzigen Katze geprügelt oder zusätzlich auf Small Island verbannt, das bei Stürmen halb unter Wasser stand und noch mehr an die Hölle erinnerte als Sarah Island.

Das Leben muss für die Gefangenen so unerträglich gewesen sein, dass es immer wieder Fluchtversuche gab, doch nur wenige waren erfolgreich. Wie ein unüberwindlicher Wall dunkler Wächter umschloss die Wildnis Macquarie Harbour. Wer bei der Arbeit im Regenwald entkam, verhungerte meist, wurde wieder eingefangen oder kehrte freiwillig zurück.

Einer, der zu fliehen versuchte, war Pearce, der Menschenfresser. Er flüchtete mit sieben anderen Gefangenen an der Küste entlang nach Norden. Dort war es wie in einer Wüste – ein Meer aus hohen Sanddünen und heftige Winde, die das Wasser ans Ufer peitschten. Als die Männer nichts mehr zu essen hatten, gaben zwei auf und kehrten in die Gefangenschaft zurück. Sie waren jedoch so geschwächt, dass sie kurz darauf starben. Doch sie fanden noch Zeit, von Kannibalismus zu berichten, von unvorstellbaren Schrecken. Pearce jedenfalls war der Einzige, der es bis zum Pieman River schaffte, der damals noch keinen Namen hatte, sondern angeblich nach Pearce benannt wurde, der Kuchenbäcker *(pieman)* in Hobart gewesen sein soll. Der Fluss war zu breit, und Pearce wurde wieder gefangen. Von seinen Kumpanen fehlte jede Spur, und so nahm man an, dass er sie aufgegessen hatte. Da es keine Zeugen gab, wurde er nur ausgepeitscht und zu ein paar zusätzlichen Jahren Zwangsarbeit verurteilt.

Pearce entkam wieder, gemeinsam mit einem Gefangenen namens Cox. Als der Kuchenbäcker diesmal gefangen wurde, hatte er Teile seines Leidensgenossen bei sich. Dafür wurde er hingerichtet.

Die Zustände in den Lagern von Macquarie Harbour müssen so unerträglich gewesen sein, dass einige Männer Mitgefangene oder Aufseher umbrachten, um zum Tode verurteilt und gehenkt zu werden. Die einzig halbwegs erfolgreichen Fluchten gelangen übers Meer. Einige Männer brachten auf der Überfahrt ins Gefangenenlager Schiffe in ihre Gewalt, setzten Wächter und Besatzung am Ufer ab und segelten nach Japan oder Südamerika. Doch seltsamerweise wurde auch sie noch Jahre später gefasst.

Von 1821 bis 1834 dauerte die Hölle von Sarah Island, dann wurde das Lager aufgelöst, weil es zu schwierig war, die Versorgung zu garantieren. Immer wieder lagen Schiffe wochenlang vor Hell's Gate fest, weil Stürme die Passage unmöglich machten. Der Gouverneur Arthur Phillip beschloss deshalb, ein neues Gefängnis zu bauen – in Port Arthur am Ende der tasmanischen Halbinsel. Damit begann ein neues Höllenkapitel.

Ein anderes in Macquarie Harbour war schon fast abgeschlossen: Die Ureinwohner, die am Franklin River gelebt hatten, waren nach nur vierzig Jahren Erschließung durch die Kolonialmacht ausgerottet.

Ein Schnellboot mit jauchzenden jungen Leuten donnerte knapp an der Hafenmole vorüber, holte mich aus der anderen Welt zurück. Als ich mich umdrehte, winkte Paul aus dem Bistro.

Wir fuhren am Ufer entlang, immer weiter. Entdeckten wunderschöne Villen in Traumgärten, Jachthäfen, Feriensiedlungen, fuhren weiter, bis die Teerstraße zu Ende war und in einen staubigen Weg überging, waren auf der Suche nach dem King River. Hier trafen wir keine Touristen mehr, und der Regenwald drängte sich bis an den Rand des Macquarie Harbour. Irgendwann entdeckten wir den Fluss zwischen den Bäumen, stellten den Wagen ab und näherten uns vorsichtig dem Ufer – vorsichtig der Schlangen wegen, die sich gern im niedrigen Buschwerk nahe dem Wasser verstecken. Doch die Pflanzendecke hörte plötzlich auf. Zwischen uns und dem Fluss lag ein breiter Streifen nackten, rissigen Schlamms. Weil es in den letzten Tagen nicht geregnet hatte, trug die trockene oberste Schicht unser Gewicht, nur an wenigen Stellen brachen unsere Schuhe ein. Jetzt erst sahen wir, dass der King River an beiden Ufern von diesem dunklen Schlamm eingesäumt war, dachten erst an niedrigen Wasserstand oder die schwarzen Ränder der Wattflüsse am Atlantik und an der Nordsee.

Aber es war kein Schlick, sondern etwas, das uns plötzlich misstrauisch machte. Der Geruch stimmte nicht.

Trotzdem wirkte der Fluss reizvoll. Sein Wasser leuchtete goldbraun in der Sonne, und die Bäume des Teepooka-Regenwaldes ragten hoch auf, warfen lange Schatten über das Wasser und das kahle Ufer. Wir zuckten zusammen, als ein Schlauchboot mit aufheulendem Motor an uns vorüberflog, dicht besetzt mit jungen Leuten in knallbunten Schwimmwesten. Sie schrien und winkten. Wilderness Adventure.

Wir klopften den Schlamm von den Schuhen und wanderten den Uferweg entlang. Aber wir fühlten uns nicht wohl, und später fanden wir heraus, warum: Der tote Schlammstreifen zu beiden Seiten des Flusses war ein Vermächtnis des Bergbaus in Queenstown, noch immer voll von Säuren und Schwermetallen. Irgendwann soll das Ufer gereinigt werden – des Tourismus wegen, der Abt-Wilderness-Bahn wegen. Nach beinahe vierzig Jahren. Nicht des Flusses wegen.

Nein, wir hatten keine Lust auf ein Drei-Gänge-Menü auf dem Weg in die Wildnis. Waren auch nicht wild darauf, das ehemalige Höllen-Gefängnis von Sarah Island zu beglotzen. Uns reichte der Blick über das Wasser, die Stille der Wälder. Wir konnten uns sehr gut vorstellen, wie es sich angefühlt haben mochte, hierher verbannt zu sein. Wildnis hat nichts Romantisches, wenn man nicht dafür ausgerüstet ist. Noch heute verirren sich hin und wieder Stadtmenschen, in der irrigen Annahme, in der Wildnis spazieren gehen zu können wie in einem Park. Viele kehren nie mehr zurück. Aber es gibt inzwischen Menschen, die begriffen haben, dass die Wildnis der Wildnis gehört und dass sie etwas unerhört Kostbares ist in unserer durchzivilisierten Welt, in der es kaum noch ein Fleckchen gibt, das nicht von Menschenhand verändert, gestaltet oder zerstört wurde.

Wir ließen Strahan hinter uns, das einst Mittelpunkt des Kampfes gegen die Dämme am Franklin und Gordon River gewesen war. Heute ist es ein Touristenort.

Nordwärts die Küste entlang, durch Regenwälder, Regenwälder. Immer wieder folgten wir entzückt einem Pfad Richtung Meer, duckten uns unter Farnbüschel, staunten angesichts mäandernder Bäche. Und gleich hinter den Wäldern stiegen schneeweiße Dünen auf, dreißig, vierzig Meter hoch.

Neugierig bogen wir in eine kleine Straße ein, die zu den Henty Dunes führte. Landeten in einer Filmszene, deren Drehbuch nicht wir geschrieben hatten: Gerade als wir den Aufstieg in die weiße, gleißende Dünenlandschaft antraten, erfüllte plötzlich Knattern und Donnern die Luft. Zehn, zwanzig Motorräder schlitterten in atemberaubender Geschwindigkeit über den Sand zu uns herab, an uns vorüber wie Erscheinungen – dunkle Kerle mit schwarzen Kopftüchern und großen Brillen, flatternden Haaren und tätowierten Armen, Schweißgeruch, Abgasgestank, Sandfontänen. Fort waren sie.

»Die Rache der Sträflinge«, versuchte Paul zu scherzen.

Sie kamen immer wieder, schienen sich einen Spaß daraus zu machen, ganz nah an uns vorbeizudonnern. Der Sand war heiß, unsere Stiefel versanken darin, wir kamen nur mühsam voran. Nach der zehnten Begegnung mit den Bikern gaben wir auf und kehrten zum Wagen zurück. Doch irgendwer hatte bereits die nächste unwirkliche Szene für uns vorbereitet. Unser Wagen wurde von einem Rudel wilder Hunde belagert. Keine Dingos oder Beutelwölfe, sondern edle englische Jagdhunde: drei Beagles, eine Bassett-Hündin und ihre Jungen. Alle abgemagert, mit trockenen Schnauzen und stumpfem Fell.

Wir sprachen ruhig mit ihnen, schoben sie behutsam zu Seite, um den Kofferraum zu öffnen, und füllten eine große Schüssel mit Wasser. Sie stürzten sich darauf, stießen sie beinahe um vor Gier. Als ihr Durst gelöscht war, setzten sie sich und starrten uns an.

»Hunger«, sagte Paul. »Eindeutig Hunger.«

Wir hatten nicht viel dabei, was für Hunde geeignet war. Mischten eine Dose Corned Beef mit Brotstücken und Joghurt. Mussten sie anbrüllen, um die Schüssel auf den Boden stellen zu können. Die Hunde schlangen das Futter hinunter, hinter uns donnerten wieder die Biker vorbei.

»Wir können sie doch nicht einfach hier lassen«, sagte ich.

»Doch, wir können«, antwortete Paul. »Wetten, dass die von allen gefüttert werden, die hier halten?«

»Aber sie sehen nicht gut aus.«

»Die Biker auch nicht«, grinste Paul. »Aber die willst du hoffentlich nicht mitnehmen.«

Wieder kein guter Ort. Unbehaust, fast feindlich, wie absurdes Theater.

Weiter nach Norden. Wir folgten einem kleinen Wegweiser zum Murchinson-Damm. Die schmale Straße führte weit hinauf in die Berge. Auf einmal lag der Damm vor uns, ragte hundert Meter hoch, versperrte das Tal wie ein gigantischer Riegel. Wir kletterten zur Dammkrone hinauf und schauten auf den blaugrünen See hinunter, der das Tal ganz ausfüllte. Ertrunkene Bäume ragten aus dem Wasser, kahl und weißgrau. Man hatte sich nicht einmal die Mühe gemacht, sie vorher abzuholzen. Es war kein schöner See – er wirkte, als hätte sich hier ein Unglück ereignet.

»Bin ja gespannt auf die nächste Überraschung«, meinte Paul. Schweigend kehrten wir zum Wagen zurück. Die ständigen Einbrüche der Zerstörung hatten uns dünnhäutig gemacht, auch ungeduldig. Tasmanien kam uns vor wie ein Lehrstück, das man auf die ganze Erde übertragen kann: eine ungeheuer schöne Insel, aus der Ungeheuer große Stücke herausreißen, in die sie ihre Pranken hineinschlagen – insofern doch sehr europäisch. Großbritannien zum Beispiel war einst fast vollständig mit Wald bedeckt, heute sind weniger als zwanzig Prozent davon übrig, von Wildnis ganz zu schweigen.

Weiter nach Nordwesten. Überall in dieser Gegend gab es bis in die 70er Jahre des letzten Jahrhunderts große Zink-, Blei-, Silber-, Kupfer- und sogar Goldminen. Wer genau hinschaut, kann die Spuren an den Berghängen erkennen, obwohl die Natur gnädige grüne Laken ausgebreitet hat. Danach begann wieder der Überlebenskampf an diesem Ende der Welt. Die meisten Minen wurden geschlossen, und heute sind nur noch ein paar hundert Bergarbeiter beschäftigt, während es früher mehrere tausend waren. Einen Aufschub des Niedergangs gewährte der Bau der großen hydroelektrischen Anlagen. Die Arbeiter brauchten Unterkünfte, Verpflegung und brachten wieder Leben in die kleinen Bergarbeiterstädte. Die Straße zu diesen verlassenen Orten wurde erst in den 60er Jahren gebaut, haben wir später nachgelesen. Vorher waren Rosebery, Zeehan und Tullah nur zu Fuß oder mit der Bergwerkseisenbahn zu erreichen.

Als die Dämme gebaut, die Täler geflutet und die Turbinen installiert waren, zogen auch die Arbeiter weiter, und es wurde wieder still im Land hinter den Bergen. In Tullah hatten wir das Gefühl, leise fahren zu müssen. Dort war die Zeit stehen geblieben. Leere Straßen, englische Häuschen hinter Rosenhecken, ein paar Gartenzwerge und Porzellanhunde. Dornröschenschlaf. Dann erwachte so plötzlich Leben, dass wir zusammenzuckten. Feuerwehrautos rasten mit Getöse durch die einsamen Straßen nach Norden. Wir folgten ihnen und entdeckten ein großes Buschfeuer in den Bergen. Die Feuertrucks parkten ordentlich hintereinander am Straßenrand, und die Feuerwehrmänner beobachteten den Brand mit Ferngläsern.

Wir stiegen aus und stellten uns neben sie.

»Wie kommt ihr da rauf?«, fragte Paul.

»Überhaupt nicht«, antwortete ein rothaariger, rotgesichtiger Feuerwehrmann, der unglaublich irisch aussah.

»Aber wie löscht ihr es dann?«

»Frag mich was Leichteres, Kumpel. Da rauf gibt's keine Straße. Ist mir ein Rätsel, wieso es überhaupt brennt.«

»Und was passiert, wenn es sich ausbreitet?«

Der Feuerwehrmann nahm behutsam seinen Helm ab und wischte sich die Stirn. »Dann fordern wir Hubschrauber an. Aber es wird sich nicht ausbreiten, weil Regen angesagt ist.«

Der Himmel war durchsichtig blau, nur ganz im Westen hingen ein paar Wolken am Horizont.

»Und wenn es nicht regnet?«, fragte ich.

»Tja ...« Der irische Feuerwehrmann drehte seinen Helm in den Händen und runzelte die Stirn, als missbilligte er meine Frage. »Es wird schon regnen, Missus. Gibt kaum einen Tag, an dem es nicht regnet.«

Er nickte uns zu, kletterte in seinen Feuertruck und knallte die Tür zu.

»Wieder eine Frage zu viel«, grinste Paul.

Wir fuhren weiter, die kurvige Straße entlang, hügelauf, hügelab. Es roch nach Pinien und Eukalyptus und ein ganz klein wenig nach Buschfeuer. Eine Stunde später ballten sich unversehens schwere bleigraue Wolken über den Berggipfeln zusammen. Es regnete.

»Da siehst du's«, sagte Paul.

Kein Paradies. Nirgendwo. Wir schleppten ein überfahrenes Wallaby in den Wald – eingedenk der Ermahnungen der Rangerin im Mount Field National Park, *roadkill* nicht einfach liegen lassen, weil die Aasfresser sonst ebenfalls Opfer der Autos werden. Roadkill ist auch eines meiner Lieblingsworte, noch mehr als Dirtroad. Ich würde es mit »Straßenmord« übersetzen, was es ja auch ist. Irgendein zynischer australischer Snack-Hersteller verkauft an Raststätten einen Imbiss, der wie getrocknetes Fleisch aussieht, unter dem Namen »Roadkill«. Schwarzer englischer Humor.

Nicht wir hatten das Wallaby überfahren – irgendwer, vielleicht letzte Nacht. Es war schon steif, trug keine sichtbare Verletzung außer einem Streifen getrockneten Bluts, das ihm aus dem Maul gelaufen war. Ein paar Krähen hockten in den Bäumen. Wir legten das Tier an einem Weg ab, der in den Wald führte, und gingen weiter, plötzlich neugierig geworden. Es gab nicht viele Wege in die Wildnis, nur die von der Naturschutzbehörde angelegten *bushtrails* oder Rundwanderwege. Dieser hier war nicht beschildert, war einfach ein Weg.

Waren wir fünfzig oder hundert Meter gegangen? Der Regenwald hörte auf, wie abgeschnitten. Vor uns lag braune, nackte Erde, dehnte sich weit. Kleine Schösslinge der Tasmanian Blue Gums wuchsen im Abstand von zwei Metern. Dahinter, in der angrenzenden Parzelle, drei Meter hohe Nadelbäume, dicht an dicht. Der schmale Regenwaldgürtel an der Straße war Fassade gewesen, potemkinscher Wald. Rücksicht der Holzindustrie auf die zarten Seelen der Touristen?

Mittlerweile gibt es in Tasmanien 177 000 Hektar Baumplantagen. Wer die schnell wachsenden Blue Gums anpflanzt, genießt Steuerfreiheit. Die Agenda 2020 sieht als Ziel die Verdreifachung dieser Plantagenfläche bis zum Jahr 2020 vor. Um das zu erreichen, benötigt man große Gebiete, die jetzt noch Regenwald sind – Teile des Tarkine zum Beispiel, einer der schönsten und wildesten Landschaften Tasmaniens.

Die Plantagen, die wir rein zufällig entdeckten, lagen bereits im Tarkine, wenn auch am Rand.

Das Tarkine umfasst eine Fläche von 350 000 Hektar, liegt an der tasmanischen Westküste und ist ein vernetztes Ökosystem aus Regenwäldern, wilden Flusstälern, Heidegebieten, Sümpfen, Dünen. Bob Brown beschrieb einige seiner Kostbarkeiten so:

»Flussabwärts von der Tarkine-Brücke steht eine mächtige, moosbedeckte Huon-Pinie. Ihre tiefen Äste sind einen Meter dick. Der Baum ist vermutlich zweitausend Jahre alt. In den Wäldern des Tarkine gibt es kleine, kaum beachtete Höhlen – dabei sind es kostbare, äußerst seltene Magnesit-Höhlen. In den Seitenarmen des Arthur River befindet sich das einzige Rückzugsgebiet des *Astacopis gouldi*, des größten Süßwasserkrebses der Erde. Er steht bereits auf der Liste der bedrohten Arten. Hier leben auch zwei der seltensten Raubvögel Australiens: der tasmanische Keilschwanzadler, der ein wenig größer ist als sein Artgenosse auf dem Festland, und der weiße Habicht. Von beiden existieren inzwischen weniger als hundert Brutpaare. Die Heidelandschaften des Tarkine sind Lebensraum des *ground parrot*, einer Papageienart, die am Boden nistet. An den Felsen nahe den Flussmündungen im nördlichen und mittleren Tarkine gibt es Kunstwerke, die tausende von Jahren alt sind – verwitterte Kreise und

Ovale, eingeritzt von den Vorfahren aus dem Tarkine, deren Geheimnis überall in diesem wilden Land spürbar ist.

Doch nicht das zeitlose Wesen des Tarkine, auch nicht, dass es ein unerschöpflicher Quell der Inspiration, Entspannung und des Abenteuers ist, werden über seine Zukunft entscheiden. Entscheiden werden vielmehr die Gesetzlosigkeit der Regierung, umweltpolitische Verantwortungslosigkeit und die Gier der Holzfabriken und Bergbaugesellschaften.«

Dem ist kaum noch etwas hinzuzufügen – vielleicht nur, dass es eben so ist wie überall.

Die Herzen der Aborigine-Frauen, die von ihrem Land vertrieben wurden, waren erfüllt von der Poesie ihrer heimatlichen Flüsse. Wenn sie vom lebendigen Wasser und seinen Ufern sprachen, dann voll tiefer Trauer.

JAMES BACKHOUSE, MISSIONAR

Gondwana klingt wie ein Synonym für Paradies. Vielleicht fand mit dem Auseinanderbrechen des Großkontinents auf der südlichen Erdhalbkugel im Mesozoikum eine Art Vertreibung aus dem Paradies statt. Im Westen Tasmaniens soll sich die Flora und Fauna des alten Gondwana am ursprünglichsten erhalten haben, weil die Niederschlagsmenge konstant geblieben ist. Der australische Kontinent dagegen driftete Richtung Asien, das Klima änderte sich, und gemäßigte Regenwälder wurden zu Wüsten oder Trockenbusch.

Ganz erstaunliche Bäume wachsen im Tarkine und auch in den Nationalparks im Südwesten. Doch im Tarkine ist besonders auffällig, dass es in den großen Wäldern keine der sonst allgegenwärtigen Eukalyptusarten gibt. Hier bilden riesige Myrtenbäume *(Nothofagus cunninghamii)*, die eigentlich kleinblättrige Buchen sind, und Sassafras ein schützendes Dach über den Baumfarnen *(Dicksonia antarctica)*.

Undurchdringlich macht diese Wildnis eine Pflanze, die *horizontal* genannt wird *(Anodopetalum biglandulosum)*, und so üppig wie ihr Name ist sie selbst. Horizontal überzieht sie das untere und mittlere Baumstockwerk – zieht quasi eine Zwischendecke ein und spannt sogar grüne Hängebrücken über Flüsse.

So dicht und verfilzt kann Horizontal sein, dass einige erfahrene Bushwalker sich auf diesem federnden Untergrund vorwärts bewegen, wenn sie am Boden nicht weiterkommen. Im Tarkine soll es Gebiete geben, die noch nie ein Weißer betreten hat, vielleicht nicht einmal ein Ureinwohner. Man hofft, dass irgendwo in dieser Wildnis doch noch ein paar Tasmanische Tiger überlebt haben.

In den trockeneren Waldgebieten dominieren wieder Eukalyptusbäume. Hier wachsen im unteren Stockwerk die berühmten Teebäume *(Melaleuca)*, von deren Heilkraft und antiseptischer Wirkung die Weißen durch die Ureinwohner erfahren haben.

Im Tarkine gibt es aber nicht nur Regenwälder und wunderbare einsame Flüsse – einer davon ist der Pieman, der seinen Namen vom Menschen fressenden Kuchenbäcker bekam –, es gibt auch zwei Gebirgszüge, die alpinen Charakter haben. Die Norfolk Ranges bestehen vorwiegend aus Quarzit und erheben sich über eine breite Küstenebene voll tiefer Täler. Die Meredith Ranges dagegen sind aus Granit, und kleine Schluchten, Bäche und Flüsse überziehen dieses Gebirge wie Spinnennetze. In den Höhen wachsen nur Kräuter und harte Gräser, Heidekraut. Darunter sind manche Arten, die ausschließlich in bestimmten Gegenden des Tarkine vorkommen, zum Beispiel *Epacris curtisea*.

Uns drehte es den Magen um, als wir mit eigenen Augen sahen, wie sich von den Rändern her Bulldozer in die Wildnis fressen. Schon sind erste Holzfällerstraßen tief in die Urwälder geschlagen, und in Hampshire am nordöstlichen Rand des Tarkine hat Australiens größte Holzfirma, North Broken Hill (der Name ist sehr passend), Australiens größte Holzmühle gebaut – damit alles schön in gigantischen Dimensionen bleibt. Im Grunde müsste die halbe Welt aufstehen und sich schützend vor diese letzte Wildnis stellen, doch Tasmanien ist so weit weg. Die Nachrichten vom Ende der Welt dringen nur selten nach Europa. Die Umweltschützer, die Grünen und die Wilderness Society haben noch lange nicht aufgegeben. Sie kämpfen um jeden Hektar, und Demonstranten werden regelmäßig verhaftet, erhalten Gefängnisstrafen.

Wie es scheint, verschärfen sich die Auseinandersetzungen, denn während unserer Reise durch Tasmanien lasen wir in der Zeitung von einem Anschlag auf den Bulldozerpark einer Holzfirma. Unbekannte hatten an die vierzig Bulldozer gründlich außer Gefecht gesetzt. Insgeheim empfanden wir Schadenfreude. Die Grünen wurden beschuldigt, als Öko-Terroristen bezeichnet. Auch das kam uns bekannt vor – von überall her.

Wir beschlossen, in Waratah Quartier zu machen. Es liegt ein paar Kilometer vom Murchinson Highway entfernt an einer schmalen Straße, die zur Küste des Tarkine führt. Als wir uns Waratah näherten, versuchten wir, uns ein Bild von der Struktur des Ortes zu machen. Doch das war nicht möglich. Die Häuser von Waratah sahen aus, als wären sie von einer großen Hand ausgestreut worden und rein zufällig irgendwo liegen geblieben – weit voneinander entfernt, ohne erkennbaren Zusammenhang. Wir versuchten zu schätzen, wie viele Menschen wohl hier leben mochten, zwischen den grünen Wiesen, die an den Hügeln in Regenwald übergingen. Es gelang uns nicht. Später fanden wir heraus, dass es kaum dreihundert waren.

Das bemerkenswerteste Gebäude liegt oben am Hang: eines der großen alten Hotels, die als einzige überall in Australien die frühen Jahre plötzlicher Blüte überstanden haben. Dieses heißt Bischoff Hotel, hat ein Erkertürmchen und wirkte ganz verloren, als hätte jemand vergessen, es mitzunehmen, als die guten Zeiten vorüber waren.

Drinnen war es dunkel. Ein langer Tresen, alte Männer saßen aufgereiht auf Barhockern mit Lehne und tranken Bier. Ein Billardtisch im Hintergrund, kahle Wände. Ein lebloser Raum – wie ein Spiegelbild der Ansammlung von Häusern draußen. Von der Decke hing ein Fernseher. Das Kricket-Turnier war noch immer nicht zu Ende. Aber nur zwei oder drei der alten Männer schauten hin.

»Keine Ahnung, was mit unseren Jungs los ist«, brummte einer der Alten, als Paul nach dem Stand der Dinge fragte. »Jetzt verlieren sie schon gegen die Kiwis. Ich schau mir das nicht an.«

Ich erkundigte mich, ob das Zimmer im Erker frei sei.

»Könn' Sie haben«, murmelte der Mann hinter dem Tresen, sah mich aber nicht an, sondern starrte auf den Fernseher. Zwei Mal musste ich um den Schlüssel bitten, ehe er aus seiner Kricket-Trance erwachte und zum Schlüsselbrett ging. »Wenn was nicht in Ordnung ist, sagen Sie's der Missus. Die ist in der Küche.«

Nachdem auch Paul vor dem Fernseher erstarrt war, machte ich mich allein auf den Weg in den ersten Stock. Von der Halle aus konnte ich einen Blick in den Speisesaal werfen. Er wirkte ebenfalls, als hätte man vergessen, ihn zu benutzen. Zwar gab es noch viele Tische, umringt von Stühlen und sogar mit Tischdecken, doch die Wirtsfamilie hatte den großen Raum anscheinend zum Wohn- und Kinderzimmer umfunktioniert. Ein Tisch war bedeckt mit Windelpaketen und Babywäsche. Der andere mit Bürokram, der nächste mit Spielzeug. In den Küche hörte ich die »Missus« mit ihren Töpfen klappern, und ich fragte mich, wann zuletzt Gäste ein Zimmer im Bischoff Hotel bezogen haben mochten.

Die Treppe war breit, die Stufen knarrten. Der große Flur im ersten Stock hatte einen schönen Parkettboden, der leicht abschüssig war. Alte Schränke und Kommoden standen an den Wänden. Das Erkerzimmer lag am Ende des Flurs, und ich verliebte mich augenblicklich in diesen Raum, betrat ihn behutsam, als könnte ich einen Geist aufschrecken, der sich vielleicht darin eingerichtet hatte.

Es war einfach perfekt. Das Doppelbett hatte Säulen an allen vier Ecken, war hoch und in eine Tagesdecke aus schwerer Spitze gehüllt.

Ein ovaler Spiegel zierte die Waschkommode, verblichener roter Samt schimmerte auf den Sesseln. An den vier Fenstern ebenfalls Spitzenvorhänge, und als ich hinausschaute, entdeckte ich einen Wasserfall, kaum hundert Meter entfernt. Mitten aus den grünen Wiesen stürzte er in eine tiefe Schlucht, die man von der Straße aus nicht sehen konnte.

Ich schloss die Tür hinter mir ab und legte mich auf das Spitzenbett, schnupperte die Gerüche der Vergangenheit, fühlte mich auf seltsame Weise verbunden mit diesem Zimmer und dem Rauschen des Wasserfalls. Als Paul mit dem Gepäck vor der Tür stand und wissen wollte, warum ich abgeschlossen hätte, fühlte ich mich gestört, fragte zurück, warum er nicht länger beim Kricket geblieben sei.

»Ach«, sagte er mit dunklen Augen, »es ist einfach furchtbar. Sie sind die Besten auf der Welt, aber sie spielen wirklich nicht besonders gut.« Ich musste lachen, weil seine Stimme wahrhaft tiefe Betroffenheit ausdrückte.

Wir stiegen auf den Mount Bischoff und schauten hinaus ins Tarkine, über endlose dunkelgrün kraushaarige Hügelketten nach Westen, träumten davon, irgendwo in der Wildnis zu leben. Malten uns aus, wie wir uns eine Hütte bauen würden, Fische in den wilden Flüssen fangen und Muscheln am Meer sammeln könnten.

»Ja«, sagte Paul, der manchmal ernüchternd realistisch ist. »Aber trotzdem brauchen wir Sponsoren. Wir brauchen dann mindestens fünfzig Kilo Haferflocken für Porridge, Sultaninen, Baked Beans in Dosen, Olivenöl, Zwiebeln, Tomatenketchup, Erdnussbutter, Würstchen, Zucker, Salz, Mehl, Kartoffeln, Vitamintabletten, Trockenfrüchte, Batterien, Antibiotika, Schlangenserum, Bücher, Werkzeug …« Er überlegte mit gerunzelter Stirn, lächelte dann und rief: »Und Marmelade! Ich kann unmöglich ein Jahr lang ohne Marmelade leben. Hab ich was vergessen?«

»Knoblauch«, antwortete ich. »Ich kann unmöglich ein Jahr lang ohne Knoblauch leben.«

Paul ließ seinen Blick traurig über die weite Landschaft schweifen. »Da siehst du's! Der ganze Rattenschwanz der Zivilisation hängt an uns dran.«

»Ja«, nickte ich. »Außerdem haben wir vergessen: ein Schlauchboot, Petroleumlampen, Angeln, einen kleinen Generator plus Diesel, einen Gaskocher plus Gas oder einen Holzofen, Solarzellen, Töpfe und Pfannen, Verbandszeug, Körperpflegemittel, Waschmittel, Schlafsäcke und Kissen, Bettwäsche ...«

»Hör auf!«, rief Paul.

» ... und ein Funkgerät und Schokolade für Notfälle«, schloss ich.

»Trotzdem würd ich es gern tun«, sagte Paul nach einer kurzen Pause.

»Ich auch.«

Ein paar Wochen später fiel mir bei Freunden in Westaustralien eine Ausgabe des *Australian Geographic* von 1995 in die Hände. Sie enthielt die Geschichte eines jungen Paares aus Queensland, das 1993 ein Jahr lang in der Wildnis im Südwesten Tasmaniens gelebt hat. Nicht im Tarkine, sondern am Rand des Nationalparks am Wanderer River, der in eine Bucht namens Christmas Cove mündet. Das Ganze war Teil eines Experiments: Die Zeitschrift wollte herausfinden, ob moderne Großstädter in der Lage seien, ein Jahr in der Wildnis zu überleben.

Bei genauer Lektüre erwies es sich als eine Art Luxus-Überlebenstraining – gesponsert von Outdoor-Klamotten-Herstellern, Schlauchbootproduzenten, der australischen Armee, Lebensmittelkonzernen usw. Die Liste war beeindruckend lang. Die Bauteile für die Hütte waren per Hubschrauber geliefert worden, und wir mussten lachen angesichts eines Fotos, auf dem die junge Frau in einem Haufen von Paketen mit Fertignahrung sitzt.

»Ja, so würde ich das auch durchstehen«, grinste Paul.

Das Resümee der beiden nach einem Jahr Wildnis klang für den Leser ein bisschen unbefriedigend.

»Wir haben den Sinn des Lebens da draußen nicht entdeckt, aber wir sind reifer geworden, und unsere Sicht der Dinge hat sich verändert. In vieler Hinsicht konnten wir es kaum erwarten zurückzukehren, um die Fäden unserer früheren Existenz wieder aufzunehmen. Allerdings ist uns auch klar, dass wir unsere Freiheit und Unabhängigkeit vermissen werden und dieses einzigartige Verhältnis zur unberührten Wildnis.«

Am Ende ihres Wildnis-Jahres weinten beide, doch sie schienen auch deutlich erleichtert. Einfach nur zu leben ist für uns Angehörige der westlichen Zivilisation ziemlich schwierig. Den meisten Menschen fehlt der spirituelle Bezug zur Wildnis – das »Für-das-Land-Sorgen« der Aborigines zum Beispiel, die Rituale, die Selbstverständlichkeit. Wir haben keinen Clan, der mit uns zieht, kennen nicht das Gesetz der Wildnis, nicht ihre Geister. Wir bewundern die Schönheit, verfallen einer unrealistischen Romantik, aber dann fehlt uns schnell die Arbeit, die Karriere, die Unterhaltung, die uns so angenehm vom Eigentlichen unserer Existenz ablenkt.

In der Wildnis zu sein bedeutet für einige von uns Abenteuer, das in der Zivilisation verloren gegangen ist – zeitlich begrenzt natürlich, gut ausgerüstet, Adventure Tours eben. Wer sonst noch in die Wildnis geht, durchsucht sie nach Schätzen – nach Gold oder Öl, nach Kupfer, Uran oder wertvollen Bäumen.

Und doch steckt in vielen von uns diese ewige Sehnsucht nach einem paradiesischen Zustand, der uns von all den Zwängen des normalen Lebens befreien würde. »Inselträume« in einer Zeit, in der es kaum noch einsame Inseln gibt, auf die man sich flüchten könnte. Genau deshalb ist es so wichtig, Wildnis zu erhalten – für sie selbst und für diesen Augenblick des Staunens und Erinnerns, zu dem alle Menschen fähig sind und der ein Stück Transzendenz möglich macht, eine Öffnung des Herzens. Bob Brown hat das sehr gut erkannt.

Es gibt wohl kein »Zurück zur Natur« mehr, nur dieses Sich-Erinnern und Bewahren. Wenn den beiden Wildnisstädtern ihre Schachteln voll Weetabix, die Dosen mit Corned Beef und Baked Beans ausgegangen wären und niemand für Nachschub gesorgt hätte, dann wäre es ihnen wohl so übel ergangen wie den Flüchtlingen in den Gefangenenlagern.

In ihrem Bericht schilderten sie nämlich, dass es ihnen nur höchst selten gelang, den Speisezettel mit Nahrung aus der Natur anzureichern. Im Fluss gab es kaum Fische, am Meer nur ein paar Muscheln und Seetang. Vermutlich hatte diese Enttäuschung ihre Ursache vor allem im mangelnden Wissen, das mit der Vernichtung der Ureinwohner verloren gegangen ist.

Ein wenig davon ist gesammelt oder rekonstruiert worden. Daraus abgeleitet kann man schließen, dass tasmanische Aborigines zum Beispiel niemals ein Jahr lang in einer Hütte im Südwesten ausgeharrt hätten. Schon gar nicht im Winter. Über Regenperioden von vierzig Tagen klagte das Wildnispaar, sie seien »unvorstellbar« und wirklich »deprimierend« gewesen; das klingt regelrecht nach biblischer Sintflut. Noah baute seine Arche, noch ehe es vierzig Tage und vierzig Nächte geregnet hatte.

Die Ureinwohner hätten den Winter im Norden und Osten der Insel verbracht. Dort ist das Klima milder, und es regnet nicht so viel. Außerdem hätten sie gewusst, dass der Wanderer River nicht besonders reich an Fischen ist, aber sie hätten sicher kleine Fische, Muscheln und Schnecken aus den Seetangbergen gesammelt, die regelmäßig am Meeresstrand angeschwemmt werden. Doch niemals hätten sie sich lange rund um Christmas Cove aufgehalten, denn sie waren Nomaden. Vermutlich wanderten sie hauptsächlich entlang der Küsten und Flüsse und mieden die undurchdringlichen Wälder. Dort nämlich war das Jagen so mühsam wie das Vorwärtskommen.

Was die Ureinwohner aßen, konnte man aus den Abfallhaufen ablesen, die man noch heute an einsamen Küstenabschnitten findet. Obwohl sie seit langer Zeit nicht mehr benutzt werden, sind sie häufig an die zwei Meter hoch – Pyramiden aus verwitterten weißen Muschelschalen, Knochen, Seeigel-Skeletten. Seltsam, dass man kaum Fischgräten in diesen Haufen gefunden hat. Wissenschaftler vermuten, dass Fische mit einem Tabu belegt waren. Jedenfalls besaßen die Ureinwohner keine Haken, Fischspeere oder gar Netze, um

Fische zu fangen. Sie bauten nicht einmal Barrieren aus Steinen, um bei Ebbe die Fische zurückzuhalten.

Aborigine-Frauen rieben sich einst mit Seehundfett ein, um den menschlichen Geruch zu tilgen, und robbten sich an Felsen heran, auf denen Seehunde in der Sonne lagen. Dann schlugen sie kräftig mit einem Felsbrocken zu, und der fette Braten ernährte eine ganze Familie. Die Frauen sammelten Austern aus den Becken der Felsenküste, Abalone-Muscheln, Seeigel, Schnecken und die Eier der Seevögel. Vor der Küste lebten große Kolonien von Silber- und Pazifikmöwen, bei denen sie reiche Beute machen konnten. Doch es war nicht ungefährlich, in den flachen Becken und Lagunen herumzuwaten. Scharfe Muschelkanten gab es dort, und der Stich des Stachelrochens ist sehr schmerzhaft.

Ein regelrechtes Fressgelage muss die Brutzeit der schwarzen Schwäne in Moulting Lagoon an der Ostküste gewesen sein. Tausende von schwarzen Schwänen brüteten dort im tasmanischen Frühling (übrigens noch heute). Jedes Paar kehrt zu seinem Nest zurück und baut es Jahr für Jahr immer höher. Von den Schwaneneiern konnten die Nomaden wochenlang leben, doch haben sie wohl nie so viele genommen, dass der Bestand der Art gefährdet war. Während der Mauser im Herbst, wenn die Schwäne nicht fliegen können, ging es den großen Vögeln dann selbst an den Kragen. Die Frauen sammelten Akaziensamen und rösteten sie auf heißen Steinen; man aß die inneren zarten Blätter der Grasbäume *(Yacca)*, des Salzbuschs *(Artiplex)*, Wasserspinat und briet Algen. Salz brauchte man nur aus den flachen Felsmulden zu kratzen, in denen Meerwasser verdunstete.

Auch auf die Bäume kletterten vor allem die Frauen. Dort machten sie Jagd auf Possums, die ihre Nester in Baumhöhlen bauen. Kratzspuren an den Stämmen verrieten solche Nestbäume. Mit Steinäxten schlugen die Frauen Tritte in die Baumrinde und sicherten sich mit einem Seil aus Kletterpflanzen oder geflochtenem Gras. Diese Tritte lagen ziemlich weit auseinander. Als Abel Tasmans Männer einst solche Spuren an Bäumen entdeckten, hielten sie die Bewohner der Insel für Riesen und fürchteten sich. So entstehen Legenden.

Sie raubten mein Land,
verdarben mein Paradies.
Sie nehmen dich bei der Hand,
zeigen dir die Wunder.
Schau lange, denk gut nach
über die Geschichte, begreife,
dass du hier Zeuge bist
der Unmenschlichkeit Australiens
gegenüber den Menschen.

KEVIN GILBERT

Harte Worte des Aborigine-Dichters Kevin Gilbert. Ich fand erstaunlich, dass auch er das Wort Paradies in seinem Gedicht verwendet, dieses Wort, das einen Urzustand der Unschuld und des Glücks ausdrückt. Tasmanien war trotz seines rauen Klimas wohl eine Art Paradies für die Ureinwohner, die immerhin mindestens 50 000 Jahre dort lebten und nach allen bisherigen Erkenntnissen dabei keine einzige Tierart ausrotteten.

Auch wenn viele Wissenschaftler heute der idealisierenden Formulierung »im Einklang mit der Natur leben« skeptisch gegenüberstehen, muss es wohl etwas Ähnliches gewesen sein, denn obwohl die Menschen damals sammelten und jagten, von der Hand in den Mund und von Tag zu Tag lebten, wurden die Schwäne nicht weniger, die Emus und Kängurus auch nicht. Der Tasmanische Tiger behielt seine Lebensberechtigung. Vielleicht waren es einfach zu wenige, um ihr Paradies zu zerstören – konnten auch nicht mehr werden, weil nur die Widerstandsfähigsten die Härten des freien Lebens in der Wildnis aushielten.

Manchmal setzten die Männer das Feuer zur Jagd ein, trieben damit Tiere aus ihren Verstecken und haben wohl auch die Landschaft verändert. Vielleicht sind die offenen Wälder im Norden und Osten auf diese Weise entstanden. Es war einfacher, in diesen lichteren Baumbeständen zu jagen, und auch den Kängurus schien diese Landschaft zu behagen.

Bei der Ankunft der Weißen gab es große Mengen Forester-Kängurus und Tasmanische Kängurus. *Boomers* wurden diese großen Tiere genannt, und im Nu waren sie beinahe ausgerottet, das Paradies zerstört. Die Weißen kannten keine Schonzeiten, hatten keine Totemtiere, gehörten nicht dem Stamm der Emus, Wallabys oder Beutelwölfe an.

Und es ist ganz erstaunlich, dass in einem tasmanischen Schulbuch aus den 50er Jahren (Highschool-Niveau!) die *blacks,* also die schwarzen Ureinwohner, ziemlich herablassend als wilde Horden geschildert werden, die ausschließlich daran interessiert waren, alles aufzufressen, was ihnen über den Weg lief. Kein Wort über so etwas wie eine Kultur dieser Menschen, über ihre Spiritualität. Nur ein Satz, dass sie angeblich gut singen konnten und manchmal große Feste feierten. Es steht da auch, dass sie friedliebend gewesen seien und den ersten Weißen freundlich gegenübertraten.

Gut, man wusste nicht viel von den Ureinwohnern. Es gab ja keine mehr, und lange Zeit hatte sich auch niemand die Mühe gemacht, etwas über sie herauszufinden. Ihr Paradies war schnell von Stärkeren erobert worden. Die Ureinwohner Tasmaniens konnten nicht mehr beschreiben, wie es war, als sie ihre Heimat verloren. An ihrer Stelle kann es vielleicht der Aborigine-Autor Archie Weller tun:

»Er wollte ihr erzählen, wie einst alle alles teilten und niemand arm war. Wie konnte jemand arm sein, wenn die silbernen Lieder der Vögel von den kühlen Blättern regneten, wenn Honigblüten die Juwelen waren und diamantenäugige Kinder Herzen aus Gold hatten. Jetzt waren ihre Herzen aus Stein und brachen auf; Moos zog sie hinab in sanfte Zerstörung. Er würde ihr gern sagen, dass der weiße Mann seine Seele geraubt und die leere Hülse mit den Gedanken und dem Hass des weißen Mannes gefüllt hatte, wo zuvor die Liebe zu seinem Volk war ... aber er wusste nicht, wie er es ihr sagen sollte.«

Im Bischoff Hotel saßen bei unserer Rückkehr aus der anderen Welt noch immer die alten Männer am Tresen und folgten abwesend dem Kricket-Turnier. Draußen hatte der Himmel alle Farben des Regenbogens angenommen, um den Sonnenuntergang zu feiern, doch niemand bemerkte es. Als wir uns zum Essen niederließen, sprach uns eine junge Frau an, die ebenfalls am Tresen lehnte. Sie war leicht angetrunken, trug einen khakifarbenen Anzug, halbhohe Lederstiefel. Ihr dunkelblondes Haar hatte sie zu einem unordentlichen Pferdeschwanz zusammengebunden.

»Schön, mal neue Gesichter zu sehen«, sagte sie undeutlich. »Ist schon ziemlich öde hier. Aber ich will mich ja nicht beschweren. Komme aus Sydney, müsst ihr wissen. Da ist natürlich mehr los.« Sie lachte auf und trank aus dem halbvollen Bierglas, das sie in der rechten Hand hielt, verschüttete ein paar Tropfen auf ihr Hemd, wischte sie ab, runzelte die Stirn.

»Klar«, sagte Paul, und mir war nicht ganz klar, was er damit sagen wollte.

»Bin seit drei Jahren in Waratah. Hab hierher geheiratet. Mein Mann arbeitet in der Mine unten am Savage River. Fährt Zwölf-Stunden-Schichten, sechs Tage lang, dann kommt er für eine Woche nach Hause. Heute kommt er.«

Paul kniff die Augen ein bisschen zusammen und sah mich irritiert an.

»Wartest du hier auf ihn?«, fragte ich.

»Klar. Dann trinken wir einen zusammen.« Sie bewegte sich unsicher zum Fenster und schaute hinaus.

»Is wirklich nicht schlecht hier«, wiederholte sie, als müsste sie uns und sich selbst überzeugen. »Ich meine, so'n Haus hätt ich mir in Sydney nie leisten können. Es ist riesig, der Garten auch. Hab mein eigenes Auto, Vierradantrieb, alles abbezahlt ...« Plötzlich presste sie die Stirn an die Scheibe.

»Da isser«, stieß sie hervor. »Is nach Hause gefahrn. Wieso kommt er denn nicht her, der Dreckskerl? Wisst ihr was? Entweder isser nicht da oder müde. So sieht's aus.«

Mit zwei großen Schritten trat sie an den Tresen, knallte ihr Glas drauf und wirkte auf einmal völlig nüchtern.

»Muss weg«, sagte sie. »Sonst isser sauer. Hab zum Glück schon Essen vorgekocht. Muss nur noch in die Mikrowelle.« Sie winkte uns zu und stieß sich die Schulter an, als sie das Hotel verließ.

Der Wirt sah ihr mit hochgezogenen Augenbrauen nach. »Sollte eigentlich nicht fahren«, murmelte er. »Aber, na ja, hier ist ja nicht viel Verkehr ...«

Auf der Speisekarte standen drei Gerichte: Steak mit Pommes und Salat, Steak-Sandwich mit Pommes und Salat und Tintenfische mit Pommes und Salat. Die Wirtin war äußerst freundlich, aber auch äußerst gestresst, was wir nicht recht begriffen, denn außer uns bestellten nur zwei andere Gäste etwas zu essen. Doch während sie Teller und Besteck vor uns auflegte, erklärte sie ihre Eile. »Wir haben den General Store nebenan übernommen. Die Leute, die ihn vorher hatten, wollten nicht mehr weitermachen, weil er sich angeblich nicht lohnt. Aber stellt euch mal vor, wenn der General Store zumacht, dann kann hier niemand mehr einkaufen. Dann müssen wir alle an die Küste, nach Burnie oder Wynyard. Das sind sechzig oder achtzig Kilometer. Na ja, jetzt rennen wir zwischen Hotel und Laden hin und her. Hoffen, dass es uns ein bisschen was bringt. Mit dem Hotel hier verhungert man langsam, reich wird man jedenfalls nicht, das kann ich euch sagen.«

Sie rannte beinahe in die Küche, brachte schnell eine riesige Platte voll Fleisch, Pommes, Krautsalat mit Majo und Toastscheiben, die sie vor Paul abstellte.

Er strahlte. »Solche Portionen gibt es in Deutschland nicht«, sagte er triumphierend.

»Dort haben auch erst vierzig Prozent der Menschen Übergewicht«, antwortete ich. »In Australien sind es fast siebzig.«

Er warf mir einen ziemlich unfreundlichen Blick zu und begann schweigend zu essen. Ich wusste, was er dachte: dass meine Bemerkung sehr deutsch war. Es gibt nämlich, abgesehen von Kricket, noch einen fast unüberbrückbaren kulturellen Unterschied: das Essen.

Aufgeklärte Deutsche essen seit längerem mediterrane Küche und haben Knödel und Schweinshaxe, Pommes und Majo mit einem Bann belegt. Die australische Küche aber wurzelt tief in der englischen. Damit wäre eigentlich alles gesagt.

Kurz darauf stand auch vor mir ein Gebirge aus Pommes, Krautsalat mit Majo und matschigen Tintenfischringen. Ich hielt mich an die Pommes und fischte Krautschnitzel ohne Majo heraus. Die Tintenfische erwiesen sich als ungenießbar, aber ich wollte der Wirtin nicht noch mehr Stress machen, deshalb reklamierte ich nicht. Fünf Minuten später erschien sie schnaufend, mit Schweißperlen auf der Stirn und stellte strahlend einen Suppenteller voll knuspriger Tintenfischringe neben mich.

»Lass die andern stehen«, lachte sie. »Die waren schon zu lang aufgetaut. Tut mir Leid, aber so was kommt schon mal vor, wenn so viel los ist.«

Paul beobachtete mich interessiert. Aber es machte mir nichts aus. War schon in Ordnung. Ganz normal, wie zu Hause, wenn das Essen nicht richtig gelungen ist. Die Wirtin und ich lachten uns zu wie Verschwörerinnen. »Und dass ich's nicht vergesse«, sagte sie, »ich muss morgen sehr früh in den Laden. Da müsst ihr euch das Frühstück selber machen. Steht alles im Speisesaal. Sucht's euch zusammen, ja?«

»Na klar«, sagte ich. »Wenn's weiter nichts ist.«

Paul beobachtete noch immer. Als die Wirtin davoneilte, atmete er tief ein. »Manchmal ist mir mein Land peinlich«, sagte er.

»Mir auch«, antwortete ich, und als er leicht zusammenzuckte, fügte ich hinzu. »Ich meine, Deutschland.«

Er prostete mir erleichtert zu.

Wahre Patrioten sind wir,
versteht uns recht,
verließen unser Land
zu seinem Wohl.

SCHERZLIED DER STRÄFLINGE

Weiter ins Landesinnere. Unser Ziel waren nicht die kühlen Regenwälder des Tarkine, nicht auf dieser Reise. Aber wir haben beschlossen zurückzukommen, nur um das Tarkine zu erkunden. Diesmal wollten wir nach Nordosten, trugen diesen unbestimmten Paradiestraum in uns, mit dem uns die beiden Frauen aus Sydney angesteckt hatten: Stumpys Bay.

Nach dem Frühstück zwischen Windeln und Babywäsche brachen wir aus purem Pflichtgefühl zu einem Abstecher an die Nordküste auf. Ungefähr dreißig Kilometer vor der Küste blieben die Wälder zurück, hügelauf und -ab erstreckten sich saftige Wiesen voll schwarz-weißer und brauner Rinder. Kleine Häuschen in Blumengärten, Bauernhöfe, Hühner und Ziegen, Pferde – es war wieder sehr englisch. Hier erfuhren wir auch, dass in Tasmanien die besten Käsesorten Australiens hergestellt werden: der allgegenwärtige (englische) Cheddar natürlich, aber auch Camembert und Brie.

Hier in diesem grünen Spiegelbild des Mutterlands lagen einst die besten Jagdgründe der Ureinwohner – lichte Wälder mit Wiesen und Sümpfen.

Dieses Land konnten die ersten Siedler zu Beginn des 19. Jahrhunderts relativ leicht in Ackerland und Weiden umwandeln. Doch der Boden war vor allem im Osten nicht besonders fruchtbar. Deshalb mussten die Farmer bald nach Norden und Nordwesten ausweichen, wo es bessere – vulkanische – Böden gab.

Wenn man in den Geschichtsbüchern nachliest, dann erscheint diese Besiedlung so selbstverständlich, doch das war sie keineswegs. Nur die neugierigen Abenteurer und Botaniker waren freiwillig nach Tasmanien gekommen. Die Soldaten und Strafgefangenen kamen auf die Insel, weil sie dazu gezwungen wurden. Weder die einen noch die anderen werden davon geträumt haben, den Rest ihres Lebens hier zu verbringen, in einem Land am Ende der Welt, das noch schlechteres Wetter hatte als England und Irland zusammen. Nur weil sie überleben wollten, versuchten sie Nahrung anzubauen, Vieh zu züchten, um ihre Lage etwas erträglicher zu machen.

Weil aber Soldaten keine Bauern sind und die Gefangenen zum Bau von Straßen, Brücken und Häusern gebraucht wurden, rief die englische Regierung freie Siedler dazu auf, nach Van-Diemens-Land zu kommen. Für tausend Pfund bekamen sie tausend Morgen Land, und einige dieser Einwanderer brachten es rasch zu großem Landbesitz und Reichtum. Ihnen wurden auch Gefangene, die sich gut führten, als Farmarbeiter und Diener überlassen – ohne Bezahlung, wie Sklaven.

Damals musste buchstäblich alles in Handarbeit gemacht werden, deshalb benötigte man im Gegensatz zu heute viele Arbeiter.

Wenn so ein Kolonisierungsprozess einmal in Gang gekommen ist, entwickelt er sich wie eine Lawine. Die Ureinwohner waren schnell aus den offenen Wäldern vertrieben und vor allem an die Westküste zurückgedrängt. Weil immer mehr Siedler kamen, benötigte man auch mehr Land.

Damals entstanden bestimmt unheimliche Geisterwälder, denn man entdeckte eine Methode, die Bäume zum Absterben zu bringen. *Ring-barking* nannte man sie. Dabei wurde rund um den Stamm ein breiter Ring Rinde entfernt. Das hat zur Folge, dass der Saft nicht mehr fließen kann; der Baum verhungert und stirbt ab. Danach rodete man das Unterholz und säte Gras. Kühe und Schafe weideten endlich in einem Skelettwald. Fiel ein Baum um, so wurde er verbrannt. Unglaubliche Mengen an Holz haben die Siedler auf diese Weise verschwendet.

Natürlich mussten sie auch die großen Kängurus loswerden, denn die fraßen sehr gern Getreide und Gras. Auch das schafften die Siedler ziemlich schnell.

In Scharen fielen Kakadus über die Feldfrüchte her – plünderten die Ernte so gründlich, dass die Farmer den Spitznamen Cocky-

Farmer bekamen (*cockies* werden in Australien die Kakadus genannt). So mussten auch die Kakadus weichen ... Es kann einem schwindlig werden, wenn man nachliest, welche Entwicklungen da in ein paar Jahrzehnten abgelaufen sind.

Innerhalb von zwanzig Jahren hat man es zum Beispiel geschafft, den Grauwal rund um Van-Diemens-Land nahezu auszurotten. Danach wandte man sich dem Pottwal in tieferen Gewässern zu. Auch die Pelzrobben, die es auf den kleineren Inseln rund um Tasmanien zu Tausenden gab, mussten dran glauben, denn nun benötigte kein Aborigine-Clan hin und wieder einen harmlosen Festbraten, nun rollte eine Maschinerie von Killern über sie hinweg. Schließlich ging es um viel Geld.

Ähnlich wie den Pelzrobben ging es den Seeelefanten, jenen runden Kolossen, von denen es ebenfalls unzählige gab. Sie wurden ihres Trans wegen jedoch so gründlich dezimiert, dass man sie lange Zeit für ausgestorben hielt.

Heute stehen alle diese Tiere unter strengem Schutz. Pelzrobben gibt es wieder relativ viele. Auch Seeelefanten tauchten vereinzelt wieder auf und ziehen heute ihre Jungen in einem abgelegenen Schutzgebiet auf Macquarie Island auf. Seltsam, dass wir Menschen immer erst zerstören müssen, um den Wert von Lebendigem zu erkennen.

Die Robbenjäger und Walfänger nahmen sich natürlich die Frauen der Ureinwohner, weil es keine anderen gab. Ihre Nachkommen leben auf Cape Barren Island und einige inzwischen auch in Tasmanien. Sie versuchen, ein Stückchen der alten Kultur wieder zu beleben, und fordern Entschädigung und Landrechte. Wie aber kann man die Wunden eines Völkermords heilen? Wie die Vertreibung aus dem Paradies erträglich machen?

Old secrets. Secrets weighed us down
but now we're breaking free
and digging up the truths that lie
at the root of our family tree.

MARGARET SCOTT

Während die einen aus dem Paradies vertrieben und umgebracht wurden, verpflanzte man die anderen in eine Art Hölle. Zwar endete die Zeit der Gefangenenlager schon Mitte des 19. Jahrhunderts, doch was dann geschah, erinnert mich an das Schweigen, die Scham und die Lügen unserer Großeltern und Elterngeneration nach dem Dritten Reich. Der Genozid an den Ureinwohnern wurde geleugnet oder verschwiegen, die Abstammung von Strafgefangenen ebenfalls und ganz besonders die Existenz von schwarzen Ururgroßmüttern. Die wurden auf wunderbare Weise zu Inderinnen.

Vielleicht verlor sich das Schicksal von Pauls Vorfahrin auch deshalb im Ungewissen. In den letzten Jahren änderte sich das. Die Scham verwandelte sich bei den Jüngeren in Stolz und Wut. Sie wollten die alten Lügen nicht länger hinnehmen. Eine dieser Wahrheitssucherinnen habe ich kennen gelernt. Sie heißt Margaret wie die tasmanische Dichterin. Aber sie ist Lehrerin und erzählte mir Geschichten, wie man sie in Deutschland nicht so leicht findet. Als junge Frau zog sie mit ihrem Mann von Farm zu Farm und baute Zäune.

»Das war eigentlich die schönste Zeit meines Lebens, diese Jahre, in denen wir lebten wie die Nomaden. In Zelten oder Scheunen. Manchmal bekamen wir auch ein Zimmer. Jeden Tag draußen, und das Geld bar auf die Hand. Es war einfach Freiheit und so unkompliziert. Wir haben das ein paar Jahre lang gemacht. Bis die Kinder kamen, dann mussten wir natürlich sesshaft werden.« Margaret spricht leise, und ein bedauerndes Lächeln zieht über ihr Gesicht. Sie ist ein hübsche, zierliche Frau Ende fünfzig, halblanges dunkles Haar, kluge Augen.

»Es ist verrückt, aber ich habe erst in den letzten acht Jahren angefangen, meine Herkunft zu erforschen. In unserer Familie hat nie jemand darüber gesprochen. Wir waren eben da, und mehr gab es nicht zu erfragen. Erst als ich älter wurde, wurde ich allmählich neugierig. Ganz zufällig stieß ich auf ein Faksimile der *Hobart Town Gazette* von 1817 und fand darin den Namen Hugh McGuinness in einer Liste von Lieferanten der Regierungsläden. Mein Mädchenname war McGuinness, und mein Vater und mein Bruder heißen beide Hugh. Ich war sofort sicher, dass es da eine Verbindung gibt, und fing an zu suchen. Es war ungeheuer spannend. Meine Vorfahren waren so ziemlich von Anfang an in Tasmanien ... Erst hatte ich ziemlich gemischte Gefühle, aber heute bin ich ziemlich stolz darauf, dass ich von Sträflingen der ersten Stunde abstamme.

Dieses Gefühl entstand aber erst ganz allmählich, als ich herausfand, wie sie gelitten haben, wie tapfer sie die unglaublichsten Torturen durchgestanden haben. In den ersten Jahrzehnten ging es wirklich nur um Überleben oder Vernichtung.

Die Familie meines Vaters hat ihre Wurzeln bei den allerersten Strafgefangenen, die aus Europa nach Australien kamen. Meine Ururgroßmutter, Elizabeth Thomas, war beim ersten Transport an Bord der *Prince of Wales*. Eine andere Ururgroßmutter, Charlotte Simpson, kam mit der zweiten ›Ladung‹ nach Australien. Sie war auf der *Lady Julian*, die man das ›schwimmende Bordell‹ nannte – aber davon erzähle ich später noch.

Mein Ururgroßvater, Hugh McGuinness, erreichte Australien mit dem dritten Schub an Bord der *Queen*, die ausschließlich irische Gefangene transportierte.

Sie trafen sich alle auf Norfolk Island; das liegt zwischen Neukaledonien und Neuseeland, weit vor der Ostküste Australiens. Diese Insel wurde gleichzeitig mit der Ankunft der Schiffe als britischer Außenposten besetzt. Das war im Januar 1788. In Botany Bay wurde eines der ersten Gefangenenlager Australiens gebaut.

Die Verhältnisse auf den Sträflingsschiffen müssen sehr übel gewesen sein. Einige Kommandanten hatten schon Erfahrung mit dem

Sklavenhandel und wussten deshalb, wie man Menschen möglichst billig transportiert. Die Nahrungsmittel wurden häufig rationiert und der Rest mit Gewinn verkauft, Hygiene war ein Fremdwort. Hunderte starben deshalb schon auf der langen Reise. Wer das Glück hatte anzukommen, war meist unterernährt und krank.

Die *Queen* war ein Beispiel für so ein Schreckensschiff. Als sie im September 1791 vor Sydney Cove ankerte, waren die Zustände an Bord so entsetzlich, die Gefangenen so ausgemergelt, dass die Öffentlichkeit empört eine Untersuchung forderte. Mein Ururgroßvater, Hugh McGuiness, war einer der Zeugen, die aussagten, dass keine ausreichenden Essensrationen ausgegeben worden waren. Die Bleigewichte mit denen man Mehl und gepökeltes Fleisch abwog, hatte man leichter gemacht.«

Charlotte Simpson, Margrets zweite Ururgroßmutter, hatte mehr Glück. An Bord des Seglers *Lady Julian* waren ausschließlich weibliche Gefangene, und der Kommandant war offenbar menschlicher. Die Frauen wurden nicht angekettet wie ihre männlichen Leidensgenossen, dafür mussten sie putzen und waschen. Die Matrosen und Offiziere erhielten die ausdrückliche Genehmigung, sich für die Dauer der Reise eine »Frau« auszusuchen. Vorsichtshalber hatte man sechzig Garnituren Babywäsche an Bord genommen – in Erwartung der Kinder, die wohl unterwegs auf die Welt kommen würden. Die Fahrt ging über Rio de Janeiro, bereits dort gab es die ersten Babys.

Als Charlotte Simpson endlich 1790 in Australien ankam, lebte sie zunächst mit Inspektor John Thomas Doidge zusammen. Drei Kinder hatte sie mit ihm. Zwei überlebten, Ralph und Sarah. Nachdem Doidge Norfolk Island 1795 verließ und erst nach Sydney und später zurück nach England ging, lebte Charlotte mit Hugh McGuinness. Mit ihm hatte sie wieder vier Kinder: Hugh, Rebecca, John und Elizabeth.

Zu dieser Zeit waren beide offensichtlich schon auf Bewährung freigelassen worden. Im Mai 1808 brachte man die Familie mit anderen Siedlern nach Van-Diemens-Land, denn die Strafkolonie auf Norfolk Island wurde allmählich aufgelöst. Ralph Doidge (er trug den

Namen seines Vaters) begleitete sie. Hugh McGuinness erhielt Land bei Carlton, an der Küste östlich von Hobart. Sein Stiefsohn Ralph eröffnete in der Nähe einen Fährdienst. Heute trägt das Küstenstädtchen seinen Namen: Dodges Ferry.

Hugh und Charlotte hatten ihre Strafe inzwischen längst abgebüßt und konnten sich als freie Siedler in der neuen Kolonie niederlassen – vier Jahre nachdem Van-Diemens-Land von England in Besitz genommen worden war. 1810 haben die beiden sogar geheiratet. Damals hatten sie bereits zwanzig Jahre Erfahrung mit Ackerbau und Viehzucht. Sie hatten rasch Erfolg mit ihrer neuen Farm und belieferten die Regierungslager und auch die Gefängnisse mit Fleisch und Getreide.

»Obwohl sie es zu Wohlstand und Ansehen brachten, gaben sie sich ungeheure Mühe, ihre Sträflingsvergangenheit zu verbergen«, berichtet Margaret. »Für Charlotte war das sicher noch wichtiger als für Hugh.«

Und das hatte einen Grund, den Margaret und auch ich bei der Recherche herausfanden:

> Ye fair British nymphs of beauty and fame too
> listen to my story, beware of my fate too
> once like you I was happy, like you I was blessed,
> though now I am wretched with sorrow oppress'd
> oh! pity my sorrows! ah, me, well-a-day,
> as a convict I'm forced now to Botany Bay!

Dieses gefühlvolle Gedichtchen stammt aus einem englischen *chapbook* des 18. Jahrhunderts. Chap-books kann man vielleicht am besten mit unseren Heftchenromanen vergleichen. Damals war eines ihrer Lieblingsthemen das Schicksal gefallener Mädchen – eine Folge der prüden Gesellschaftsmoral jener Zeit, in der die geschlagene britische Armee aus Amerika zurückkehrte und ihre Kolonie in der Neuen Welt verloren hatte. 130 000 Soldaten brauchten Arbeit und Unterkunft.

Und es geschah, was immer geschieht, wenn Kriege zu Ende gehen und Männer nach Hause kommen: Die Frauen werden entlassen und an den Herd zurückgeschickt. Bloß hatten die meisten damals keinen Herd, an den sie zurückkonnten.

Zudem kam noch eine Steuer für Hausmädchen, die älter als fünfzehn waren. Das hatte zur Folge, dass rund 10 000 junge Frauen entlassen und durch Kinder ersetzt wurden. Nach kurzer Zeit lebten an die 50 000 Frauen mehr oder weniger auf der Straße, wurden in die Prostitution gezwungen oder fingen aus reiner Verzweiflung an zu stehlen. Gar nicht so wenige Mädchen gerieten auch aus Liebe in Armut und Hoffnungslosigkeit. Wer sich von einem hübschen jungen Offizier verführen ließ, am Ende gar mit ihm durchbrannte, war in diesen Zeiten verloren. Der Offizier zog irgendwann weiter, die Mädchen wurden von der Familie verstoßen und endeten auf der Straße. Die Gefängnisse füllten sich.

Wer ein paar Leintücher und Kleider aus einer billigen Unterkunft mitgehen ließ, musste mit einer Gefängnisstrafe von sechs bis sieben Jahren rechnen. Wer gar jemanden angriff, um zu entkommen, dem drohte die Todesstrafe.

Hatte Pauls Ururgroßmutter sich gewehrt? Hatte sie versucht, ihre Ehre zu verteidigen? War sie vielleicht als Lehrerin entlassen worden, weil ein Mann ihre Stelle erhielt? Vermutlich war dieser Mr. Welsh Lloyd, von dem in alten Dokumenten die Rede ist, gar nicht ihr Ehemann. Vermutlich war er einer, der die Gefangene zur Beischläferin genommen hatte, wie es damals üblich war.

Es gab nämlich noch einen gravierenden Unterschied zwischen Männern und Frauen: Wenn ein Mann klaute oder jemanden verprügelte, kam er zwar ins Gefängnis, aber er galt zumindest als resozialisierbar. Bei Frauen war das anders. Frauen, die kriminell wurden oder in die Prostitution abglitten, waren für immer gefallene Mädchen, Personifizierung des Bösen, ohne Hoffnung auf Besserung. Deshalb versuchten die Vorfahren vieler Australier zu verbergen, dass sie nicht von freien Siedlern, sondern von Sträflingen abstammten. Lange verfolgte dieses Stigma unzählige Familien.

Da diese Frauen sich nicht alle freiwillig in der Themse ertränkten – obwohl gar nicht so wenige diesen Ausweg suchten –, musste man anders mit ihnen fertig werden. Die Entsorgung von Straffälligen war für ein Kolonialreich ziemlich einfach. Man schickte sie so weit weg wie möglich und hoffte, dass sie auch nach Verbüßung ihrer Strafe nie mehr zurückkehren würden.

Zufrieden mit dieser Lösung, schrieb der *Lincoln Mercury* im Jahr 1784: »Der Transport der Verbrecher nach Botany Bay ist ebenso gut wie früher die Verbannung nach Amerika. Er schützt das Königreich vor einer neuerlichen Verseuchung durch diese schädlichen Mitglieder der Gesellschaft. Wenn man die Sterblichkeitsrate während des Transports zugrunde legt, so übersteht gerade einer von fünf die Reise. Und sollte jemand das Ende seiner Strafe erleben, kann er die Rückfahrt nie und nimmer bezahlen.«

Margarets Ururururgroßmutter Charlotte hatte noch einen Grund, ihre Vergangenheit zu verbergen. Sie gehörte zu den Frauen, die auf der *Lady Julian* in die Verbannung geschickt worden waren, jenem »schwimmenden Bordell«. Zwar wurden die Frauen auf diesem Dreimaster besser behandelt als üblich, doch sie blieben ohne Rechte. Keine konnte sich verweigern, wenn sie von einem Seemann erwählt wurde, und erwählt wurden die Jüngsten. Bei ihnen fühlten die Männer sich halbwegs sicher vor Geschlechtskrankheiten. Kaum eine der »Bräute auf Zeit« war älter als achtzehn, viele erst vierzehn oder fünfzehn.

Erstaunlich ist, dass nur zwölf Kinder auf der langen Überfahrt geboren wurden. Das spricht für die Erfahrung der älteren Frauen, die den jungen mit Rat und Tat zur Seite standen.

Zwar kannte man die genauen Zusammenhänge der Befruchtung noch nicht, doch dass das Ganze etwas mit Geschlechtsverkehr zu tun hatte, war auch damals schon klar. Deshalb wuschen sich die Frauen nach der Liebe mit Seewasser und Essig, führten sogar mit Essig getränkte Schwämme in die Scheide ein, um die Spermien abzutöten. Wenn sie sich nur mit den Frauen der Ureinwohner hätten austauschen können – sie hätten Verbündete werden können. Aboriginefrauen klopften ihre Bäuche und Schenkel nach der Vereinigung, badeten im Meerwasser und benutzten Algen als Barriere gegen die Spermien. Auch sie durften sich den sexuellen Wünschen der Männer nicht verweigern.

Als die *Lady Julian* 1790 endlich auf Norfolk Island ankam, waren die Frauen gesünder als bei der Abfahrt in England. Viele waren krank von langen Gefängnisstrafen an Bord gekommen, die frische Luft, bessere Hygiene und das zumindest ausreichende Essen hatten sie gekräftigt. Zwar war unterwegs wegen einer langen Flaute am Äquator Skorbut ausgebrochen, doch war diese Krankheit schnell geheilt, als das Schiff Südamerika erreichte. Und ziemlich schnell nahmen die Seeleute von ihren »Frauen« Abschied. Ziemlich schnell wurden sie von anderen genommen. Manche hatten sogar das Glück, einen guten Ehemann zu finden, wie Charlotte Simpson.

Diese arme Familie dem Los der Armen entreißen,
das darin besteht, aus der Geschichte zu verschwinden,
ohne Spuren zu hinterlassen.

ALBERT CAMUS

Margarets Geschichte geht weiter – eher ein Schicksal, das uns näher ist als das ferner Vorfahren. Eine Geschichte, die mündlich weitergegeben wurde.

»Auf der Seite meiner Mutter gibt es nur undeutliche Spuren, die zu meinen Urgroßeltern zurückreichen. Sie hießen Bernard und Mary McGuirk. Meine Mutter hat sie nicht mehr selbst erlebt; sie starben vor ihrer Geburt. Aber sie hat mir einige Geschichten erzählt, die sie wiederum von ihrer Mutter, meiner Großmutter, hatte.

Bernard war ein armer irischer Bauer, der auf einem kleinen Stück Land in den Hügeln hinter Bushy Park im Derwent-Tal lebte. Ich glaube, dass er und seine Mary drei Söhne und zwei Töchter hatten. Nach allem, was ich erfahren habe, war er ein hart arbeitender Mann, unabhängig und zurückhaltend, ein ganzes Stück älter als Mary und ziemlich ernst. Er brachte allen seinen Kindern Lesen und Schreiben bei, und es gibt eine Geschichte, die beweist, dass er Mitgefühl besaß.

Meine Großmutter Kate saß eines Abends mit Mary vor dem Kaminfeuer – Kate war damals ungefähr zehn – und wartete auf die Rückkehr von Bernard. Er war mit dem Zug nach Hobart gefahren, um sich die Landwirtschaftsausstellung anzusehen. Das war zu jener Zeit eine ziemlich anstrengende Reise, und er hatte Kate versprochen, ihr eine Orange mitzubringen. Es war schon spät und lange nach ihrer Schlafenszeit, aber Kate war so voller Erwartung, dass sie nicht zu Bett gehen wollte. Die Orange war für sie eine besondere Liebesgabe ihres Vaters. Sie erinnerte sich daran, wie ihre Mutter die Glut im Kamin neu anfachte, indem sie ihre lange schwarze Schürze schwenkte.

Endlich hörten sie in der Ferne das Rumpeln eines Ochsenkarrens und als die Tür aufgestoßen wurde, sah Kate, dass ihr Vater nicht allein war. Ein zerlumpter Junge, der ungefähr so alt war wie sie selbst, versteckte sich ängstlich hinter seinem Rücken. Das Gesicht des Jungen war schmutzig und Tränen hatten helle Spuren auf seinen Backen hinterlassen.

›Mary‹, sagte Bernard, ›ich hab noch ein hungriges Maul mitgebracht. Möge Gott dafür sorgen, dass genug da ist, um ihn satt zu machen.‹

Der Junge hieß David Evans, war vor einem brutalen Stiefvater geflüchtet und hatte sich im Zug versteckt. Als sie die Endstation erreichten, war er in Tränen ausgebrochen und hatte Bernard seine Geschichte erzählt. Mary hatte ebenfalls Mitleid mit ihm, und so wuchs er in seiner neuen Familie auf, gemeinsam mit Kate. Die Geschichte endete beinahe wie ein Märchen, denn später heirateten Kate und David und wurden Margarets Großeltern.«

Mehr wußte Margaret nicht von ihren Großeltern, bis sie in den Sträflingsverzeichnissen des tasmanischen Archivs stöberte. »Dort fand ich heraus, dass sowohl Bernard als auch Mary aus Irland deportiert worden waren. Sie kamen kurz nacheinander nach Van-Diemens-Land, im März und im Mai 1851. Er war achtunddreißig, sie zwanzig. Bernard hatte Mehl und Kartoffeln zu stehlen versucht – nicht für sich, sondern für seine Frau und seine drei Kinder. Hannah hieß seine Frau.

Ein viertes Kind hatte Irland angeblich bereits verlassen, um nach New York auszuwandern. Ich denke oft darüber nach, was wohl aus ihnen geworden ist und wie schwer ihr ungewisses Schicksal auf den Schultern meines Urgroßvaters gelastet haben mag. Es muss ihn sehr verbittert haben, denn während der sieben Jahre, zu denen man ihn verurteilt hatte, schickte man ihn mehrmals in Einzelhaft und zu besonders harter Zwangsarbeit. Das lässt darauf schließen, dass er Widerstand leistete und sich gegen die ungerechte Behandlung auflehnte.

Urgroßmutter Mary war in die Kolonien verbannt worden, weil sie angeblich ein Haus angezündet hatte. Aber ob das ein Unfall war oder mit Absicht geschehen ist, weiß niemand. Sie war sehr jung und unverheiratet. Es ist verzeichnet, dass sie zwei Brüder und eine Schwester in Irland zurückließ. Mary scheint eine musterhafte Gefangene gewesen zu sein, bekam gute Zeugnisse als Magd und Kindermädchen.

Gegen Ende ihrer Strafe arbeiteten die beiden in verschiedenen Haushalten in der Nähe von New Norfolk – auf diese Weise haben sie sich wahrscheinlich kennen gelernt. Sie bekamen die Genehmigung zu heiraten und wurden am 1. Januar 1856 in der katholischen Kirche von New Norfolk getraut.«

Bernard starb 1895, Mary im September 1907. Beide sind auf dem Redhills-Friedhof in Bushy Park begraben.

Noch immer waren wir im Farmland unterwegs, das von Heimatvertriebenen wie Margarets Vorfahren mühsam gerodet und fruchtbar gemacht worden war. Nach diesen Geschichten fühlten wir uns den Siedlern näher, ahnten, dass sie Opfer des Empire waren wie die Ureinwohner. Begriffen allmählich, dass sie verzweifelt versucht haben, dieses Stückchen England oder Schottland, Irland, Cornwall oder Wales, das sie im Herzen trugen, zu rekonstruieren. Mit englischen Blumengärten zum Beispiel – *an English country garden* –, mit Rosen, Lavendel, Sonnenblumen, Kapuzinerkresse, Clematis, Malven ... mit Tulpen und Schneeglöckchen und Narzissen. Nein, diese Wildnis war nicht, was sie suchten. Ihr Paradies schufen sie sich mit den ersten Kühen und Schafen, die ums Haus weideten, mit dem Kartoffelacker und dem Gemüsegarten. Mit den Brombeeren, die im Herbst reif wurden wie zu Hause. Die Brombeeersträucher, die Blumen, die Kartoffeln, die Rinder und Schafe – sie alle kamen ja von zu Hause. Die Brombeeren entwickelten sich übrigens zur Landplage, wie auch auf dem Festland. Überwucherten alles. Ihre Ranken sterben jedes Jahr ab, vertrocknen und bilden wunderbare Nahrung für Buschfeuer. Man kennt dieses Problem auch in Südeuropa.

Seit Stunden kurvten wir auf schmalen Sträßchen durch die grünen Weiden mit unzähligen Kühen. Wir waren müde. Hatten die Nordküste nur kurz gestreift und festgestellt, dass wir uns dort nicht wohlfühlten. Dicht besiedelt, schmale Strände, Campingplätze und an vielen Häusern ein Schild: »For Sale«. Diese Schilder waren uns schon zuvor aufgefallen, doch es wurden immer mehr. Halb Tasmanien schien zum Verkauf angeboten. Kein Zeichen für Wohlstand.

Es wurde schon dunkel, als wir ein Dorf namens Wilmot erreichten. Im Dämmerlicht wirkte es derart englisch, dass Paul lachen musste. Kletterpflanzen überzogen alte Mauern und Kamine, ein Blumengarten und davor ein Schild: »Jacquie's Bed & Breakfast – Licenced Restaurant«.

»Da bleiben wir«, sagte Paul. »Ich hab Lust auf ein anständiges Essen und einen anständigen Wein nach den kulinarischen Genüssen von Waratah.«

»Und was verleitet dich zu der Annahme, dass Jacquie besser kocht als die Wirtin vom Bischoff Hotel?«, fragte ich.

»Es klingt französisch«, grinste Paul.

Jacquie's entpuppte sich als ein höchst kreativ kultiviertes Lokal in einem Blumengarten, das um eine historische Bäckerei aus dem Jahr 1893 herum gebaut war. Jacquie war ein kleiner, dunkelhaariger Mann, der uns sehr freundlich begrüßte. Er zeigte uns ein Zimmer in einem Gartenhaus, das ganz und gar rosa und weiß geschnörkelt war, voller Rosenmuster, obwohl ich nicht genau sagen könnte, wo genau die Rosen waren. Es war einfach ein Rosengefühl, ein Flitterwochenzimmer.

»Kostet achtzig Dollar«, sagte der Mann bedauernd. »Dafür kriegt ihr aber auch was. Das Bad ist frisch renoviert. Weiße Kacheln.«

»Schon in Ordnung«, murmelte Paul.

»Ich koche außerdem ganz frisch für euch. Ist natürlich nicht im Preis inbegriffen. Geht ja auch nicht.« Er warf uns einen prüfenden Blick zu. »Ihr esst doch bei mir? Gibt sowieso kein anderes Restaurant.« Jetzt klang er beinahe triumphierend. »Wenn ihr in ein anderes Restaurant wollt, dann müsst ihr an die Küste zurück.«

»Nein, danke«, sagte ich. »Da kommen wir gerade her.«

»Ja dann ... ist ja alles klar.« Jacquie strahlte. »Ihr könnt mir gleich sagen, was ihr essen wollt, dann kann ich es vorbereiten.«

»Wie wär's mit Huhn und Gemüse? Und vorher Salat«, schlug ich vor.

»Alles klar. Für beide?«

»Für beide«, sagte Paul.

Jacquie eilte davon, und wir ließen uns erleichtert auf das breite Rosenbett fallen.

Ein Mädchen aus Vietnam bediente im Restaurant. Sie lächelte, nickte. Außerdem lief ein sehr großer, breiter Mann herum, der sich benahm, als gehörte ihm der Laden. Er war gekleidet wie ein Ranger, in Khakihose, Weste und Stiefeln. Jacquie winkte durch den Fliegenvorhang aus Holzperlen, der die Küche vom Gastraum trennte. Wir waren die einzigen Gäste. Kricket lief diesmal in einem kleinen Nebenraum und war wohl auch der Grund, warum der große Mann immer wieder zwischen Fernseher und Küche hin und her pendelte. Er berichtete Jacquie über die letzten Entwicklungen. Wir tranken unterdessen köstliches tasmanisches Quellwasser und tasmanischen Rotwein. Der Salat war frisch, der Toast dazu noch warm.

»Das ist Edward«, rief Jacquie, streckte den Kopf durch den Fliegenvorhang und wies auf den großen Mann. »Er ist ein Freund von mir. Bereitet gerade eine Expedition vor.«

»Was für eine Expedition?«, fragte ich.

Edward ließ sich auf den dritten Stuhl an unserem Tisch sinken. Sein »Ihr habt doch nichts dagegen?« kam erst, als er bereits saß.

»Tasmanischer Tiger«, sagte er langsam und nickte vor sich hin. »Der Beutelwolf. Bin verdammt sicher, dass es ihn noch gibt. Arbeite seit Jahren dran. Jetzt geh ich's an. Endgültig.« Seine Stimme war tief und bedeutungsvoll.

»Wo werden Sie suchen?«, fragte ich.

Edward winkte die junge Vietnamesin heran und bestellte ein Bier, dann stützte er beide Arme auf den Tisch und beugte sich zu uns, als wollte er uns ein Geheimnis verraten.

»Im Tarkine.«

Wir nickten.

»Gibt nur eine Chance. Tarkine.«

»Warum nicht in den Nationalparks?«, fragte ich.

»Nie. Da nicht. Wenn er noch irgendwo ist, dann im Nordwesten.«

Ich spürte Pauls Fuß auf meinem, und als ich zur nächsten Frage ansetzte, senkte sich dieser Fuß – gerade so weit, dass es ein bisschen weh tat. Ich zog meinen Fuß weg und fragte weiter.

»Warum nur im Nordwesten?«

Edward war mir ganz offensichtlich nicht böse, sondern schien regelrecht aufzuwachen. »Im Nordwesten ist der Wald so dicht, dass keiner reinkommt. Das ist die einzige Chance, die der Tiger hatte. Ich geh rein, und wenn ich auf allen vieren kriechen muss.«

»Und wenn Sie sich verirren?«

Edward schenkte mir ein schlaues Lächeln und schnalzte mit den Fingern der rechten Hand. »GPS – Satellitenpeilung. Kann gar nichts passieren. Da weiß man immer, wo man ist.«

Die Vietnamesin stellte ein Glas Bier vor Edward hin. Er nickte und prostete uns zu. »Ich bin jetzt pensioniert, müsst ihr wissen. Endlich hab ich Zeit, alles das zu tun, was ich eigentlich immer tun wollte. Dieser blöde Job in Melbourne hat mich und meine Familie zwar ernährt, aber wenn ihr mich fragt, es war reine Zeitverschwendung. Bin bloß froh, dass ich's überlebt habe ...« Edward stieß ein trockendes Lachen aus. »Paar von meinen Kollegen haben's nicht geschafft. Herzinfarkt, Krebs ...« Er tat einen kräftigen Schluck, leerte das kleine Glas bis auf einen schaumigen Rest.

»Was haben Sie denn in Melbourne gemacht, Edward?«, fragte ich, obwohl ich bereits wieder Pauls Fuß spürte.

»Versicherungen. Hab den Leuten Versicherungen angedreht ... na ja. Jetzt bin ich hier und geh auch nicht mehr weg. Jacquie ist übrigens 'n alter Freund von mir. Hab ihn vor zwanzig Jahren in Neuseeland kennen gelernt. Hätte nie gedacht, dass ich mal 'n Kiwi zum Freund haben würde.«

Als Jacquie und die Vietnamesin das Essen servierten, verzog Edward sich wieder zum Kricket.

Jacquie war kein Franzose, obwohl er ein bisschen so aussah. Er war Neuseeländer. Seine Mutter hatte den Namen für ihn ausgesucht, weil sie Frankreich für das Paradies auf Erden hielt. Aber sie hatte es nie gesehen, nur darüber gelesen. In der Schule wurde Jacquie dann Jack genannt, und damit war die Sache wieder in Ordnung. Nachdem wir gegessen hatten, setzte er sich eine halbe Stunde zu uns und erzählte. Ich musste nicht fragen – es ergab sich einfach so.

Jack hatte viel zu erzählen – all die Jobs, die er schon gemacht hatte. Mehrere Restaurants, Rasthäuser in Neuseeland und auf dem australischen Festland. Er hatte auch unterrichtet – eigentlich war er Lehrer. Sein bester Job war der beim Friedenscorps gewesen – Peace Corps, ja, wie das amerikanische, aber er war beim neuseeländischen. Hatte den Kindern ehemaliger Kopfjäger Lesen und Schreiben beigebracht. Ja, wirklich. Er eilte in sein Büro und kehrte mit einem Umschlag voller Fotos zurück.

»Da«, sagte er. »Das bin ich vor meiner Palmhütte. Das war die Schule, und hier duschen wir. Wir schütten uns gegenseitig einfach einen Eimer mit Wasser über den Kopf.« Jack sah plötzlich traurig aus. »War die beste Zeit in meinem Leben«, murmelte er. »Hätt nie weggehen sollen aus Papua-Neuguinea. Ich hatte alles, was man braucht: meine Hütte, zu essen, lustige Kinder – nicht so'n Quatsch mit Schuluniformen und stillsitzen. Das war eine ganz andere Art zu unterrichten, ganz nah am Leben, wenn ihr wisst, was ich meine. Das mit den Wassereimern war Teil des Unterrichts. Uns war einfach heiß, und da haben wir uns abgekühlt und Riesenspaß gehabt.« Jack hielt das Foto in beiden Händen und versank in Erinnerungen.

»Warum sind Sie dann hier?«, fragte ich nach ein paar Minuten, was mir wieder einen Tritt eintrug.

»Weil ich ein Idiot bin«, antwortete Jack. »Weil ich dachte, Tasmanien könnte besser sein als Papua-Neuguinea. Diese Rastlosigkeit muss ich von jemand geerbt haben. Ich kann euch nur raten: Wenn ihr euch wo besonders wohlfühlt, dann bleibt da. Lasst euch von nichts in der Welt da weglocken! Bleibt da und basta!«

»Und was ist mit Tasmanien?«, wollte ich wissen.

Jack schüttelte den Kopf. »Ist schon in Ordnung. Eigentlich gefällt's mir in Wilmot ganz gut. Aber erstens bin ich ein Kiwi, und die sind hier nicht sehr beliebt, zweitens habe ich eine Asiatin hier und keine Kellnerin aus Wilmot, und drittens liegt Wilmot am Arsch der Welt. Was nützt mir mein wunderschönes Bed & Breakfast, wenn sich kaum jemand hierher verirrt? Es ist einfach verdammt schwierig, hier zu überleben. Zu mühsam für meinen Geschmack. Ich werde zurück zum Friedenscorps gehen, hab mich schon beworben ... Weil ich Erfahrung habe, sieht es nicht so schlecht aus.«

Edward eilte aus dem Fernsehzimmer herbei. Sein Gesicht war gerötet und er selbst ganz aufgelöst. »Sie gewinnen«, sagte er ungläubig. »Die Kiwis gewinnen!«

Paul sprang auf und eilte zum Fernseher. Edward folgte ihm.

»Jetzt werden wir Neuseeländer noch unbeliebter.« Jack lächelte mich etwas schief an. »Habt ihr keine Lust, den Laden hier zu übernehmen? Mit ein bisschen Werbung in Europa und Australien müsste er eigentlich ganz gut laufen.«

»Nein«, antwortete ich. »Mein Mann hat absolut keine Lust auf Hotels oder Restaurants.«

»Intelligenter Mann«, murmelte Jack, verbeugte sich leicht und schloss sich Paul und Edward an.

Die Vietnamesin lächelte und räumte den Tisch ab. Ich hatte den Verdacht, dass sie nicht nur Kellnerin bei Jacquie war.

»Nächste Woche kommen zwei Japaner. Sie bleiben zehn Tage. Das hilft mir über den Monat«, sagte Jack beim Abschied am nächsten Morgen. Wir verließen ihn und das Rosenzimmer mit Bedauern und machten uns auf den Weg zum Cradle Mountain, dem berühmtesten Berg Tasmaniens. Zuvor aber entdeckten wir eine historische Besonderheit in Wilmot: den Geburtsort einer der größten Supermarktketten Australiens: Coles. Der erste General Store steht noch heute in diesem kleinen Ort am »Arsch der Welt«, wie Jack gesagt hatte. Er ist noch in Betrieb, heute natürlich mit Icecream und Chips und was man sonst so im modernen Australien braucht. Aber von außen sieht er beinahe noch aus wie vor über hundert Jahren – ein einfaches Holzhaus mit handgemalten Schildern, ganz bescheiden.

Hinter Wilmot steigt die schmale Straße stetig an, durchquert Waldstücke und Wiesen. Die Bauernhäuser werden seltener, und unmerklich verstärkt sich der alpine Charakter der Landschaft. Wiesen werden zu Almen, die Wälder dunkler. Unversehens liegt das

Besucherzentrum vor uns, der Eingang zum Weltnaturerbe Cradle Mountain National Park.

Ich will es nicht beschreiben – es ist wie überall. Sicher ganz nützlich, wenn man sich informieren will, ehe man zu einer größeren Tour aufbricht. Aber eben ein Besucherzentrum voller Menschen und Broschüren und Bilderbuch-Rangern und Leuten in schicken Outdoor-Klamotten. Wir fuhren schnell weiter, die Dirtroad entlang, hinauf nach Waldheim. Es heißt wirklich so.

Ich muss zugeben, dass dies kein Blindflug auf unserer Reise war. Die Geschichte von Waldheim kannte ich und war deshalb besonders neugierig. In den Wäldern am Fuß des Cradle Mountain hatte nämlich einer sein Paradies gefunden und nie mehr verlassen. Einer, der nicht nach Tasmanien gekommen war, um eine Strafe zu verbüßen. Er kam, als dieser Spuk längst vorüber war, kurz vor Ausbruch des Ersten Weltkriegs, und war ein Österreicher namens Gustav Weindorfer. Die Schönheit und Unberührtheit der Landschaft begeisterte ihn so sehr, dass er seine ganze Energie einsetzte, um sie vor jeglicher Zerstörung zu bewahren. Zunächst baute er sich eine Hütte aus dem Holz von King-Billy-Pinien und nannte sie Waldheim. Das war im Jahr 1912. Ab 1916 blieb er für immer in den rauen Höhen, und 1922 hatte er es erreicht: Die Hochmoore, Wälder, Flußtäler und Berge wurden zu einem der ersten Nationalparks Australiens.

Waldheim nannte er auch die ganze Gegend rund um seine Hütte. Hat auch er sein Österreich ans Ende der Welt mitgenommen? Sein verlorenes Paradies?

Wir näherten uns Waldheim zu Fuß. Es war zunächst wieder die Luft, die uns entzückte, so kühl und köstlich, dass ich sie nicht beschreiben kann. Wasserfallfrisch vielleicht – oder gondwanarein. Aber es geht nicht. Man muss sie eingeatmet haben, um sie selbst zu schmecken.

Dunkel und hoch ragten die Nadelbäume über dem schmalen Weg auf. Kurz vor den Hütten lichtete sich der Wald, wir gingen über sanfte Wiesen mit weichem Almgras, auf denen ein paar Farnbüschel und dunkle Binsen wuchsen. Ein Wallaby pflückte mit seinen kleinen dunklen Pfoten Blätter von einem Busch. Tat ein paar Hüpfer, schaute uns prüfend an. Es war ganz zutraulich – kein Wunder: ein Wallaby in einem Nationalpark, an Menschen gewöhnt. Trotzdem verstärkte sich dieser unwirkliche, paradiesische Eindruck, als ich die langen Wimpern um seine großen, dunklen Augen sehen konnte – ganz nah. Als ob es einfach eine Art Einverständnis zwischen uns gab, die nichts mit Leckerbissen zu tun hatte, mit dieser alten Korruption zwischen Mensch und Natur.

Das Wallaby bettelte nicht, und ich hatte nichts. Wir sahen uns nur an, bewegten uns vorsichtig umeinander herum. Zwischendurch kaute es an Halmen und Blättern, ganz selbstverständlich. Irgendwann hüpfte es ein Stück weiter, schaute zu mir zurück, als wollte es sagen: Entschuldigung, aber hier drüben gibt's mehr Gras.

War das ein Teil von Weindorfers Paradies? Wallabys werden schneller zutraulich als Rehe und Hirsche. Irgendwann vor vielen Jahren habe ich den Lebensbericht eines Priesters gelesen, der eine Hütte an der Küste des Kimberley im Nordwesten Australiens bewohnte und längst das Missionieren aufgegeben hatte. Dort in seiner Einsiedelei schloss er Freundschaft mit einem großen roten Känguru. Es legte manchmal den Kopf auf seine Schulter und schaute mit ihm aufs Meer hinaus. Er war fest davon überzeugt, dass dieses Känguru ähnliche Gedanken hatte wie er selbst – über das Leben und Gott und den Tod.

Wir umrundeten die ursprüngliche Hütte Weindorfers – sie hätte auch in den Alpen stehen können. Neben ihr ist inzwischen ein ganzes Hüttendorf entstanden. Mit Dokumentationszentrum und allem, was man braucht, wenn ein besonderer Ort für den Tourismus aufbereitet wird.

Aber wir wollten Weindorfers Paradies sehen, kein Dokumentationszentrum. Er hatte freien Blick auf Lake Dove und den Cradle Mountain. Unten im Tal wand sich ein Bach, einzelne Pandanus-Bäume wuchsen an seinen Ufern. Waldheim liegt auf halber Höhe eines Hangs, umgeben von Märchenwäldern. Es sind ebenfalls gemäßigte Regenwälder, doch ganz andere als im Südwesten oder im

Tarkine. Sie erinnern an die dunklen Tannenwälder in den Hochalpen oder in Skandinavien, sind ganz und gar grün: Boden, Stämme, Äste, Felsbrocken – alles ist von einer dicken grünen Schicht aus Moosen und Flechten überzogen. Ein Wald wie mit dem Weichzeichner gemalt. Der Boden federte unter unseren Stiefeln. Wir verließen den Weg und gingen einfach in diese grüne, dunkle Welt hinein, und ich hätte mich nicht gewundert, wenn uns ein Troll begegnet wäre oder Elfen in einem Sonnenstrahl getanzt hätten. Vielleicht belauerten uns Orks oder andere böse Zwerge? Es roch nach Moos und Erde. Zwischen den Wurzeln und Steinen taten sich dunkle Eingänge auf. Trollhöhlen? Es war sehr still in diesem Wald, unheimlich still. Wo waren die Vögel?

Inzwischen schlichen wir, um die Stille nicht zu durchbrechen. Als Paul die Hand hob, um mir zu zeigen, dass er etwas entdeckt hatte, erwartete ich wirklich ein Fabelwesen. Was auf uns zutrollte, sah im ersten Augenblick auch so aus: viereckig, braun behaart, mit dem Gesicht eines Teddybären. Ein Wombat, Australiens Versuch eines Braunbären. Nicht viel größer als ein ausgewachsener Koala und ebenfalls ein Beuteltier. Er klettert nicht, sondern lebt in Höhlen. Obwohl er kuschelig aussieht, kann er nicht mit dem Koala konkurrieren, deshalb kennt ihn außerhalb Australiens kaum jemand.

Der Waldheim'sche Wombat ließ uns bis auf zwei, drei Meter an sich herankommen, dann schniefte er und verschwand in einer Höhle am Fuß einer riesigen King-Billy-Pinie. Paul und ich waren uns einig, dass wir gar keine Fabelwesen brauchten, um diesen Wald zu einem Märchenparadies zu erklären. Wallabys und Wombats reichten völlig aus.

Doch als Paul sein Stativ aufbaute, um den grünen Wald zu fotografieren, und ganz versunken ein Motiv auswählte, während ich umherstreifte, verwandelte sich das Paradies blitzartig. Sie kamen lautlos und zu Hunderten, kaum zwei Zentimeter lang, sehr schnell. In Windeseile erklommen sie Stiefel, überwanden Socken, stürzten sich in die warme Dunkelheit der Hosenbeine. Ein Schrei!

»Shit!«

Ich eilte zu Paul. Er starrte auf seine Stiefel, ich folgte seinem Blick: Eine Armee von kleinen Blutegeln war auf dem Vormarsch zu seinen Hosenbeinen. Sie bewegten sich wie Raupen: zusammenziehen, ausstrecken, zusammenziehen, ausstrecken.

Paul zog seine Hose ein Stück hoch. Vier der Tierchen hatten sich bereits festgesaugt. Wir fegten die Armee von den Stiefeln, doch immer neue drängten nach – der ganze Waldboden war in Bewegung: zusammenziehen, ausstrecken, zusammenziehen, ausstrecken ...

Ich begriff schlagartig, was eine Angriffswelle ist. »Du musst dich bewegen«, sagte ich. »Wenn du hier stehen bleibst, hast du keine Chance.«

»Kannst du mir mal erklären, wie ich fotografieren soll, wenn ich dauernd herumhüpfen muss? Mach diese verdammten Dinger ab!«

Er hielt mir sein rechtes Bein hin, an dem sich die vier Egel festgebissen hatten. »Beim Militär haben wir Zigaretten drangehalten, dann haben sie losgelassen.«

»Tut mir Leid, dass ich das Rauchen aufgegeben habe«, antwortete ich und versuchte es mit dem Zeckengriff. Direkt über der Haut packen und drehen. Es funktionierte. Doch während ich die Blutegel entfernte, drängten die nächsten heran. Wir hüpften im Moos herum, streifen die Biester von unseren Hosen und Stiefeln, alles gleichzeitig, während ich die Bissstellen an Pauls Bein desinfizierte. Ich war mir ganz sicher, dass uns hinter den Baumstämmen Trolle schadenfroh beobachteten.

Nicht aufgeben! Wir arbeiteten einen Schlachtplan aus: Paul sollte in Ruhe arbeiten, und ich wollte die Egel vertreiben. Mich selbst konnte ich schützen, indem ich die Füße ständig in Bewegung hielt, während ich seine Stiefel egelfrei fegte. Es war eine interessante Choreographie, die wir in Waldheim zur Welturaufführung brachten. Aber immerhin bekam Paul seine Fotos, und ich bewahrte ihn vor neuen Bissen.

Schaudernd liefen wir weiter. Nur gehend lässt sich das Paradies des Herrn Weindorfer genießen; bloß nicht verweilen oder sich gar

Nahe den Quellen des Franklin River

Ein Paradies der Farne

Sich entfaltender Baumfarn

Hauptstraße von Queenstown

Englische Idylle in Rosebery

Verlassenes Farmhaus

Opossum

Tasmanische Teufel

Regenwaldriese *(Eukalyptus regnans)*

Tanninfarbenes Wasser im Styx River

auf eines der einladenden Moospolster setzen. Glück im Vorübergehen. Wir waren der Nationalparkverwaltung sehr dankbar dafür, dass sie Schutzhütten gebaut hat, in denen man in Ruhe seine Sandwiches essen kann. Vom überdachten Balkon eines kleinen Holzhauses aus beobachteten wir die schwarzen Wolken über dem Cradle Mountain, den heftigen Schauer, der über dem Lake Dove niederging, und steckten einem großen, schwarzen Raben mit hellen Augen ein paar Stücke Knäckebrot zu. Ab und zu schauten wir unter den Tisch, um sicher zu gehen, dass die Blutegel-Armee uns nicht verfolgte. Der Rabe legte den Kopf schief und stieß leise Laute aus, die beinahe wie Lachen klangen.

Am Parkplatz vor dem Lake Dove holte uns die Realität wieder ein – es war so ähnlich wie auf der Seiser Alm in Südtirol an einem Sommertag. Autos und Touristen bildeten einen wunderbaren Vordergrund für die Kulisse der Wildnis. Ja, natürlich, wir waren Teil davon. Kein Grund, sich zu beschweren. Vielleicht liegt es daran, dass die inneren Bilder von Tasmanien nicht so recht zusammenpassen mit dem, was wir aus Europa kennen. Vielleicht liegt es daran, dass wir einfach nicht glauben können, dass die Bilder auf dieser Erde sich inzwischen so entsetzlich gleichen. Bekanntestes Klischee: eine Gruppe japanischer Touristen vor allen Sehenswürdigkeiten der Welt. Auch ein mögliches Fotoprojekt für unseren japanischen Baumstumpf-Kollegen oder für Paul. Paul bekam sein Bild innerhalb von Minuten.

Wir flüchteten, stürzten uns auf die gewundenen schmalen Sträßchen abseits der großen Routen, waren bald wieder allein mit den Wäldern und Krähen, die am Straßenrand herumpickten und auf Roadkill warteten.

Wir machten in Mole Creek Station, weil uns der Name gefiel. Es war ein winziger Ort, zog sich an der Straße entlang, fast so, als wollte jeder Hausbesitzer den Blick auf die blauen Berge im Süden haben. Wieder fanden wir eines dieser unglaublichen alten Hotels, bezogen ein Zimmer mit winzigen Rosen auf der Tapete und malvenfarbenen Türrahmen. Der Boden war ein wenig schief, die Betten köstlich weich. Im Hinterhof stand ein riesiger blühender Magnolienbaum. Als wir unser Essen am Tresen bestellten – es gab mal wieder Fisch mit Pommes oder Steak mit Pommes oder sonst was mit Pommes –, erzählte uns die Wirtin strahlend, dass diese Magnolie einer der Gründe gewesen sei, warum sie sich entschlossen habe, dieses alte Hotel zu kaufen.

»Sie ist hundert Jahre alt. Stellt euch das vor! Ich habe noch nie eine Magnolie gesehen, die hundert Jahre alt ist. Und sie hat tausend Blüten.«

»Wann haben Sie denn das Hotel gekauft?«, fragte ich und sah Paul nicht an.

»Erst vor zwei Jahren. Wir sind aus Sydney, mein Mann und ich. Ich hab als Steuerberaterin gearbeitet. Was für ein Job! Hatte die Nase gestrichen voll von Zahlen und Verordnungen und all dem Mist. Wir haben Urlaub in Tassie gemacht und sind regelrecht in dieses Hotel reingefallen. Stand zum Verkauf, weil die Besitzer zu alt wurden. Mein Mann war dagegen, aber ich wollte es haben. Ich sagte: ›Scheiß auf Sydney! Lass uns was Neues anfangen!‹« Sie lachte, und ihr rosiges Kinn zitterte. Sie war sehr blond, blauäugig, frisch gewaschen, englisch und nicht älter als vierzig.

»Hat ihn offensichtlich überzeugt«, erwiderte ich.

»Ja, vor allem weil Sydney ihm auch auf die Nerven ging. Das mit dem Hotel sieht er immer noch ziemlich kritisch. Wir verdienen natürlich nicht so viel wie in unseren alten Jobs. Das findet er ein bisschen beängstigend. Vor allem ist er überzeugt, dass wir dieses Hotel nie wieder loswerden, falls wir keine Lust mehr haben. Er sagt: Solche Idioten wie uns beide finden wir nicht noch mal.« Wieder brach sie in schallendes Gelächter aus.

Wir lachten mit. Es war genau, was Paul jedesmal sagte, wenn ich mich in ein Haus am Wegrand verliebte, in dessen Garten das Schild »For Sale« stand. »Du musst dir darüber im Klaren sein, dass du dieses

Haus nie mehr verkaufen kannst. Wenn du es hast, dann für immer. Du kannst es höchstens vererben.«

Doch dann wurde die blonde Wirtin ernst. »Übrigens: Frühstück müsst ihr euch selber machen. Gegenüber von eurem Zimmer ist ein kleiner Frühstücksraum. Da könnt ihr euch Tee und Kaffee machen. Müsli und Cornflakes stehen da, auch Milch und Orangensaft, Brot und Marmelade. Ich biete kein warmes Frühstück an – das ist dann doch ein bisschen viel verlangt für eine ehemalige Steuerberaterin. Wir wollen morgens ausschlafen – gibt uns wenigstens die Illusion von Freiheit.« Sie verzog das Gesicht.

»Wolltest du nicht die Tyenna Valley Lodge übernehmen?«, fragte Paul mich später.

»Möchte ich eigentlich immer noch«, antwortete ich.

Er verdrehte die Augen zum Himmel.

Es war besser als in Waratah. Keine Windeln auf dem Tisch. Dafür frühstückten wir mit zwei schweigsamen, dicken Männern, die sorgfältig ihre Teebeutel aufgossen und uns später erzählten, dass sie Tasmanien mit dem Fahrrad umrunden wollten. Dreihundertfünfzig Kilometer hatten sie bereits hinter sich. Ich war noch zu verschlafen, um Fragen zu stellen, und Paul war mir dankbar dafür.

»Männer wie die«, sagte er, als wir wieder allein waren, »Männer wie die werden nicht gern gefragt. Sie sagen was, wenn sie Lust dazu haben, und damit basta.«

»Aha«, antwortete ich, immer noch verschlafen, und verriet nicht, was ich dachte: dass nämlich Männer wie die noch nie gefragt worden sind, warum sie etwas tun oder was sie tun; dass sie so aussahen wie Männer, für die sich noch nie jemand interessiert hat. Vermutlich nicht mal ihre Frauen, falls sie welche hatten.

Aber wir wollten an diesem Morgen keine Studien über Männer anstellen, sondern Tasmanische Teufel beobachten. Ein paar Kilometer hinter Mole Creek lag der Trowunna Wildlife Park. Da die Teufel in Freiheit sehr scheu sind und man Köder auslegen muss, um sie anzulocken – möglichst gut verwestes Wildfleisch –, da sie außerdem vorwiegend nachtaktiv sind und man sich tagelang auf die Lauer legen muss, hatten wir uns entschlossen, doch die einfachere Variante zu wählen und es in einem Wildpark zu versuchen.

Trowunna ist ein großes Gelände im Schatten gewaltiger Eukalyptusbäume mit breiten Kronen. Neben unserem Wagen parkten nur drei andere. Es war eine stille Umgebung, die zum ausgedehnten Beobachten einlud. Wir ließen uns den Weg zum Gehege der Teufel beschreiben, wollten uns von nichts ablenken lassen, doch dann stockten unsere Schritte vor dem Verlies eines Schnabeligels, der rastlos an einer langen Mauer entlanglief, vergeblich den Durchschlupf suchte zu dem geraden Weg, der in ihm vorgezeichnet war. Es tat weh zu sehen, wie er in einer Art Burggraben von einem Ende der Mauer zum anderen lief, sich herumwarf, wenn er die Richtung änderte, sich bewegte wie ein schwer vernachlässigtes Kind. Ein Automat, der sich am Laufen hält, um sich zu beruhigen. Ein Leben lang würde er so weiterlaufen, immer hin und her, hin und her.

Ein Tierpfleger kam vorbei, gekleidet wie ein Ranger. Als er uns so fassungslos da stehen sah, gesellte er sich zu uns, schob seinen Hut in den Nacken und rieb sich die Nase.

»Trauriger Anblick, was?«

Paul nickte. »Ich mag es nicht, wenn man Tiere einsperrt«, sagte er.

»Ich auch nicht«, erwiderte der Ranger. »Echidnas darf man eigentlich nicht einsperren. Ich glaube, sie werden verrückt. Aber der da ist angefahren worden und kann in Freiheit nicht überleben, deshalb haben wir ihn behalten. Wir versuchen es den Tieren hier so schön wie möglich zu machen. Wenn ihr die Teufel seht, dann wisst ihr, was ich meine. Und außerdem ... « – er zog verlegen an seinem Ohrläppchen, sah uns kurz an und schaute dann auf seine Stiefel – » ... na ja, ich meine, es gibt 'ne Menge Menschen, die genauso rumlaufen wie der kleine Kerl hier. Immer hin und her, kommen nirgendwo hin.« Er tippte an seinen Hut und ging weiter.

»Ein Philosoph«, sagte Paul lächelnd, als wir uns wieder auf den Weg zu den Teufeln machten. Doch schon nach wenigen Metern ließ uns ein Schrei innehalten. Tiefes Grollen, das in bösartiges Kreischen überging, laut, hemmungslos, erschreckend.

»Das war einer«, sagte Paul. »Jetzt weißt du, warum sie Teufel heißen.«

Wir gingen schneller, erreichten eine Mauer, von der aus wir in das Reich der Teufel schauen konnten. Wildnis mit Mauer, weitläufig – Büsche, Bäume, Felsen und Höhlen, kleine Tümpel und Wasserläufe, Farne. Einer stand da, im Gegenlicht. Die Sonne ließ seine runden, durchsichtigen Ohren rot aufleuchten. Er war etwas größer als eine Katze, gedrungen, hatte eine unglaublich glänzende Nase und eine weiße Brust, das Fell war pechschwarz, schimmerte wie Rabenfedern. Die ganze Kraft seines Körper lag vorn, Brust und Kopf wirkten kräftiger als das Hinterteil. Neugierig und gierig zugleich – und nett. Nicht wie ein Teufel, eher wie ein Tierchen, das man spontan, aber vorsichtig auf den Arm nehmen möchte. Jetzt drehte er sich um, geschmeidig, trabte los, duckte sich unter Farnblätter, tauchte wieder auf. Sein Gang glich dem einer Hyäne, die auch dieses etwas schwächliche Hinterteil hat, als liefe sie ständig mit eingekniffenem Schwanz. Ich folgte ihm – immer an der Mauer entlang, wie der Schnabeligel –, nur dass ich außerhalb der Mauer war. Irgendwie gab es keinen Unterschied zwischen uns – ob innen oder außen: Mauern begrenzen und trennen.

Kurz darauf war ich ganz froh über die trennende Mauer. Der Teufel, den ich verfolgte, begegnete einem anderen Teufel. Plötzlich waren da nur noch aufgerissene Rachen mit riesigen weißen Zähnen, Fauchen, Grollen und diese Schreie. Der Ton der Teufel hatte etwas Vulgäres, klang wie ordinäre Beschimpfungen – nur ohne Worte. Wer ihre nächtlichen Schreie in der Wildnis hört, glaubt ganz sicher sofort an böse Geister und hinterhältige Trolle. Oder an die Rache der Ureinwohner.

Wer Schwierigkeiten hat, seine Aggressionen rauszulassen, der sollte Tasmanische Teufel beobachten. Von ihnen kann man hervorragend lernen, andere anzubrüllen. Es hatte etwas Befreiendes, Lachmuskelreizendes und Anarchisches, den Teufeln zuzuschauen.

Wie viele es waren? Schwer zu sagen. Ständig waren sie in Bewegung, und bei jeder Begegnung gab es ein Riesengeschrei. Nein, nicht bei jeder. Manche zogen auch friedlich aneinander vorbei. Nach welchen Gesetzen verhielten sie sich?

Einer badete im seichten Tümpel. Ließ seinen gedrungenen Körper leicht hin und her schwingen, mit halb geschlossenen Augen; genüsslich sträubten sich die Schnurrbarthaare um seine glänzende Nase. Geradezu lasziv wirkte er – und dann kam der andere. Sie kreischten einander derart bedrohlich an, dass mein Herz schneller klopfte. Es war ein Gefühl, als würde ich Zeuge eines Straßenüberfalls, einer Gewaltszene. Eine halbe Minute lang pöbelten sie herum, dann ging jeder seiner Wege.

Auf einem Felsen im Halbschatten entdeckte ich eine Teufelmutter mit mehreren Kindern. Ein Bild vollendeter Innigkeit. Ganz ineinander gekuschelt und zärtlich verwoben. Kein anderer Teufel kam ihnen zu nahe, kein Gebrüll, kein Angriff. Manchmal schaute einer der ruhelosen Wanderer herüber, zog den Rücken noch ein wenig tiefer und lief mit gesenktem Kopf weiter. Vielleicht erinnerte er sich an die paradiesischen Zeiten, als er noch Muttermilch saugen durfte und nicht herumkreischen musste.

Über zwei Stunden lang schauten wir den Teufeln zu, und irgendwann begann Paul zu fotografieren. Nach drei Stunden erschien der Ranger mit ein paar Parkbesuchern, stieg kühn über die Mauer und begann einen kleinen Vortrag über die Teufel. Dabei achtete er sorgfältig auf seine Umgebung, ließ die schwarzen Kerlchen nie aus den Augen. Hin und wieder kreischte einer die Stiefel des Rangers an, als wäre es ein Artgenosse – sehr zum Vergnügen der Zuschauer. Aber nachdem der Ranger erklärt hatte, dass die Beißkraft eines Teufels ungefähr drei Tonnen beträgt, lachten sie nicht mehr.

»Einen Arm«, sagte er und wich geschickt einem keifenden Teufel aus, »einen Arm trennen sie mit einem Biss ab.« Er machte eine Pause und schaute in die Runde. »Zum Glück fressen sie hauptsächlich Aas und als Frischkost nur Insekten und kleine Vögel. Als Raubtiere wären sie ziemlich unangenehm.«

Eine Menschenmutter setzte ihr Kind auf die Mauer und ließ seine Beine ins Gehege baumeln. Der Ranger runzelte die Stirn, während er einen unmutigen Teufel mit dem Stiefel auf Distanz hielt.

»Ich halte das für keine gute Idee, Lady«, sagte er. »Haben Sie nicht gehört, was ich gerade über die Beißkraft dieser Teufel gesagt habe? Ein Bein ist so schnell ab wie ein Arm.«

Die Menschenmutter zog ihr Kind zurück und wurde rot.

»Es gibt nur eine Möglichkeit, einen Teufel gefahrlos zu berühren, und die zeige ich Ihnen jetzt. Aber vielleicht sollten Sie lieber nicht versuchen, es nachzumachen.«

Blitzschnell bückte sich der Ranger nach dem lästigen Kerl, der nicht von seinen Stiefeln lassen wollte, packte ihn am Schwanz und hielt ihn hoch. Aus dem Teufel wurde ein grollendes, fauchendes Fellbündel, das hilflos in der Faust des Rangers baumelte.

»Wenn ich ihn jetzt runterlasse, muss ich höllisch aufpassen. Die geben nicht so schnell auf und wollen sich unbedingt rächen.«

Mit einer flinken Bewegung schleuderte er den Teufel ein Stück von sich weg und tat gleichzeitig einen Sprung nach hinten. Der Teufel landete auf seinen vier Pfoten, pumpte seine gesamte Energie in Brust und Kopf und raste brüllend auf die Beine des Rangers los. Der wehrte lachend ab und schob den Teufel mit den Stiefeln weg.

»Das sind Stiefel mit Stahleinlagen«, rief er. »Sonst würd ich nicht zu denen reingehen.«

Der kleine schwarze Gnom gab lange nicht auf. Voller Ingrimm schien er sich für die Demütigung rächen zu wollen. Erst das große Stück Fleisch, nicht mehr ganz frisch, das der Ranger aus einem Sack zog, ließ ihn plötzlich innehalten. Seine glänzende Nase vibrierte, die Barthaare sträubten sich, und als der Ranger den Känguruschenkel auf den Boden warf, stürzte der Teufel sich auf die Beute. Innerhalb von Sekunden waren vier, fünf andere Teufel da, rissen ihre unglaublichen Mäuler auf, bedrohten sich gegenseitig mit ihren riesigen spitzen, schneeweißen Zähnen, machten dabei ein so ungeheures

Geschrei, dass wir Erwachsenen uns die Ohren zuhielten und zwei Kinder zu weinen anfingen.

Als das Imponiergeplärr endlich verebbte, gruben die Teufel ihre Zähne ins Fleisch und schlangen es in großen Brocken hinunter. Knochen knackten, und die anderen Parkbesucher zogen schaudernd weiter zu den Koalabären. Wir blieben bei den Teufeln. Mit ihrer Respektlosigkeit hatten sie mein Herz erobert. Sie passten so gut zu Tasmanien, zur Wildnis, zum Geheimnis der Insel. Kleine schwarze Dämonen, die die Weißen das Fürchten lehrten. Sie hatten sich nicht ausrotten lassen, waren zäh. In ihren Schreien lagen andere Schreie, solche, die heute niemand mehr hören will.

Milchkühe, Gärten voller Blumen. Deloraine, eine kleine Stadt mit schönen alten georgianischen Gebäuden. Wir kauften Sandwiches und Getränke, eilten weiter auf dem Weg zum nächsten Paradies, verschlossen die Augen zwischen Deloraine und Launceston, denn plötzlich hatte uns die Zivilisation wieder eingeholt mit Schnellstraßen, Neubaugebieten, Zersiedelung, vielen Autos. Erst auf der Straße nach Scottsdale, zum nordöstlichsten Zipfel der Insel, konnten wir wieder aufatmen. Ländlich-malerische Hügel, Kühe, Schafe, kleine Farmen. Wir bogen von der Hauptstraße ab, um einen Abstecher zu einem Lavendelbauern zu machen. Wir hatten davon gehört, dass in Tasmanien Lavendel angebaut wird, wollten es mit eigenen Augen sehen. Etwas, das wir mit Südfrankreich verbanden, ans Ende der Welt verpflanzt.

Plötzlich lichtete sich tatsächlich der Wald vor uns, und die Hügel waren auf einmal blassblau gestreift; ein süßer, vertrauter Duft drang durch die Wagenfenster. Inmitten der Lavendelfelder lag das Farmhaus, umgeben von Lagerhallen und Maschinenschuppen. Wir waren zu spät für eine offizielle Besichtigung, aber der Lavendelbauer erlaubte uns einen kurzen Spaziergang.

»Fünfzehn Minuten«, sagte er freundlich, aber streng. »Ich muss nach Scottsdale zum Einkaufen.« Und weil er keine Lust hatte, uns einen Vortrag zu halten, drückte er uns ein Blatt Papier in die Hand. »Da steht alles drin.«

Es war später Nachmittag, und die Sonne hatte sich hinter einer Wolkenwand versteckt. Wie borstige Riesenraupen schlängelten sich die Lavendelbüsche durch die Landschaft. Die Berge der Sidling Ranges leuchteten blau in der Ferne. Es war ein merkwürdiger Augenblick, als wir ein Stück auf der nackten Erde zwischen den Lavendelreihen gingen. Unwirklich, denn selbst das Licht erinnerte an Südfrankreich. Warmer Wind trieb uns immer wieder Schwaden köstlicher Düfte zu.

Wir wären gern noch länger über die Felder gewandert, doch der Farmer hupte genau nach einer Viertelstunde, um uns zurückzurufen.

Später im Wagen las ich nach, dass die Bridestowe Lavender Farm das größte Lavendelanbaugebiet auf der südlichen Erdhalbkugel ist und der einzige Ort außerhalb Europas, an dem dieses Duftöl zur Herstellung von Parfüm produziert wird. Der Lavendel bildete einen merkwürdigen Kontrast zu den Tasmanischen Teufeln. Es fiel uns schwer, eine Verbindung von der Wildnis zu dieser duftenden Oase im Nirgendwo herzustellen. Vermutlich gab es auch keine, war außerordentlich verwirrend.

Die Schatten des Abends färbten Berge und Wälder blaulavendelfarben. Kurz vor Branxholm überholten wir eine Kolonne von Arbeitern, die den weißen Mittelstreifen auf der Straße erneuerten. Sie winkten uns freundlich zu, wir winkten zurück.

Eine Stunde später trafen wir uns alle im Imperial Hotel wieder, die Straßenmarkierer und wir. Trotz seines bombastischen Namens und einer ähnlich eindrucksvollen Fassade entpuppte sich das Imperial als höchst mittelmäßige Absteige für Durchreisende aller Art. Die Wirtin, eine dicke, rosige Blondine, hetzte uns in den Speisesaal, denn es war bereits zehn vor acht, und ab acht Uhr wurden keine Essensbestellungen mehr angenommen. Küche geschlossen. Das machte sie unmissverständlich deutlich.

Das sei übrigens allen Tasmanienreisenden mit auf den Weg gegeben: Auf dieser Insel gibt es eine strenge Essensregel: Wer zu spät kommt, den bestraft der Koch. In den meisten Hotels der Landstädtchen bekommt man nach acht nichts mehr zu essen.

Verschwitzt gaben wir unsere Bestellungen auf, flitzten dann in unsere Zimmer, machten uns ein bisschen frisch und trafen uns kurz nach acht alle auf der Treppe, wo wir in lautes Gelächter ausbrachen

»Sssch«, machte einer der Straßenmarkierer. »Wenn sie uns hört, kriegen wir gar nichts zu essen. Das ist eine beinharte Lady.«

Schmunzelnd setzten wir uns an die Tische, wagten uns kaum anzusehen, als die »beinharte Lady« ihre Riesenplatten mit Fleisch, Pommes und Salat auftrug. Am Tresen saß eine lange Reihe von Einheimischen und verfolgte schweigend das niemals endende Kricket-Turnier. Ihr Anblick war wie ein Running Gag, der sich stets wiederholende Witz in manchen Filmen.

»Sieht's besser aus für Australien?«, fragte ich Paul, der sich am Tresen ein Bier geholt hatte.

»Sag nichts«, murmelte er. »Lass uns essen und nicht über Kricket reden.«

Später setzte sich der Vermessungstechniker des Straßenmarkierertrupps zu uns, während die anderen sich ganz dem Kricket zuwandten. Er war ein gut aussehender Mann um die Fünfzig, hatte weißes Haar und sehr dunkle Augen. Ein melancholischer Zug lag um seinen Mund, und mir fiel auf, dass er bereits die zweite Flasche Rotwein trank. Er stellte uns ein paar Fragen – woher, wohin? –, aber offensichtlich wollte er etwas loswerden, und bald war klar, dass er uns brauchte, weil er das Leid, das ihm widerfahren war, mit jemandem teilen musste. Und während er ein Glas nach dem anderen hinunterkippte, erzählte er von seiner Frau, die er sehr liebte und die seit einem halben Jahr in einem Pflegeheim dahinvegetierte, weil sie nach einer Rückenoperation eine schwere Infektion bekommen hatte, die zu einer Meningitis führte und ihr den Verstand raubte.

»Sie erkennt mich nicht mehr.« Er sprach leise, machte Pausen und lauschte seinen eigenen Worten, als müsste er sich selbst überzeugen – umfasste sein Weinglas mit beiden Händen, als wollte er es zerbrechen. »Sie erkennt auch ihre Kinder nicht.«

Er fügte nichts hinzu. Sagte am Ende seiner Geschichte nur diese beiden Sätze und sie genügten, um das ganze Elend zu beschreiben. Nach einer langen Pause sagte er noch: »Wir hatten uns gerade unser kleines Paradies geschaffen. Ein Haus mit einem blühenden Garten. Ganz in der Nähe von Deloraine. Ich werde es verkaufen. Es hatte nur Sinn mit ihr. Erinnert mich zu sehr an die guten Zeiten. Wenn ich mich noch mal aufrappeln soll, dann muss ich das woanders machen. Könnt ihr das verstehen?«

Wir nickten, und er bedankte sich, dass wir ihm zugehört hatten.

»Und jetzt«, sagte er zu Paul gewandt, »lass uns noch ein bisschen zusehen, warum diese verdammten Aussies nicht gewinnen.«

Er nickte mir zu, schenkte mir ein warmes Lächeln, nahm Glas und Flasche und ging zum Tresen hinüber. Paul folgte ihm, zuckte entschuldigend die Achseln.

»Das ist Männersache.«

»Klar«, antwortete ich.

Wir trafen die Markierer immer wieder auf unserem Weg nach Gladstone. Wir überholten sie, hielten irgendwo an, um etwas zu bestaunen, und schon hatten sie uns wieder überholt. So ein Mittelstreifen lässt sich erstaunlich schnell auffrischen. Aber erfordert höchste Konzentration. Der Dicke auf seinem komischen Gefährt unter dem kleinen Sonnendach hatte einen hochroten Kopf. Es war ein heißer Tag, und die tasmanische Sonne ist heißer als anderswo. Trotzdem setzte der Dicke den weißen Farbstreifen exakt über seinem verblichenen Vorgänger an und beendete ihn ebenso exakt an dessen Ende. Unser Gesprächspartner aus dem Imperial Hotel saß unterdessen in einem schattigen Auto mit Klimaanlage und berechnete die Neigung der Straße.

Auf den letzten Kilometern vor Gladstone begegnete uns kein Fahrzeug mehr, die Straße wurde schmaler. Wir näherten uns dem tasmanischen Outback und spürten plötzlich eine wilde Abenteuerlust. Endlich hatten wir die englischen Städtchen, die Touristenattraktionen, selbst die Lavendelfelder hinter uns gelassen, und es war nicht mehr weit nach Stumpys Bay. Gladstone war so ziemlich der verschlafenste Ort, den wir in Tasmanien gesehen haben. Inmitten von grünen Wiesen reihten sich ein paar Holzhäuschen an der Straße entlang. An etwa einem Drittel hingen große Schilder: »For Sale«. Es gab eine Kneipe, die geschlossen war, und immerhin einen Gemischtwarenladen wie in alten Zeiten. Dort deckten wir uns mit Vorräten für eine halbe Woche ein, fragten nach den Wetteraussichten.

»Na ja«, sagte ein magerer Mann, der gerade die Zeitungen durchblätterte, ohne eine zu kaufen. »Sieht nicht schlecht aus. Kann sich aber auch ändern. Hier weiß man das nie so genau. Sind zu nah an der Bass Strait. Sie zieht das schlechte Wetter richtig an. Erst regnet's hier, dann in Melbourne oder umgekehrt.«

»Aha«, murmelte Paul. »Steht was in der Zeitung?«

Der magere Mann grinste. »Glaubt bloß nicht, was in der Zeitung steht. Wenn's ums Wetter in Tassie geht, dann schaut euch lieber den Himmel an. Wo wollt ihr'n hin?«

»Mount William National Park«, sagte Paul.

»Keine schlechte Jahreszeit dafür, wirklich nicht schlecht. Wahrscheinlich sogar die beste. Aber passt auf die Strömungen auf, wenn ihr schwimmen geht. Gibt verdammt üble Strömungen und einen teuflischen Wind. Ist aber 'ne gute Gegend hier. Wenn's euch gefällt, dann kauft doch ein Haus und bleibt. Könnten noch ein paar Leute gebrauchen. Sind zu viele weggezogen. Eine Schande!«

Paul lachte etwas gequält auf.

»Nein, wirklich«, beharrte der magere Mann. »Ist toll hier. Gute Weiden, jede Menge Flüsse und das Meer.«

»Von was leben die Leute hier?«, fragte ich.

Der Mann verzog das Gesicht. »Viehzucht und Pferde. Gibt'n paar große Farmen da draußen. Aber sonst ist nicht viel da.« Plötzlich sah er traurig aus. »War mal 'ne Menge los hier. War alles voller Chinesen. Aber jetzt sind die auch weg.«

»Wieso Chinesen?«, fragte ich und kam mir dumm vor.

Der magere Mann steckte seine Zeitung zurück ins Regal und verschränkte die Arme vor der Brust. »Das war mal 'ne reiche Bergwerksgegend«, sagte er langsam. »Zinnmine. Wurde 1982 geschlossen. Die Chinesen haben hier als Bergleute gearbeitet. Bis in die 40er Jahre, ein paar sogar bis in die 60er. Damals gab's jede Menge Arbeit, so viel, dass man sogar die Chinamänner brauchte.«

»Und wo sind die jetzt hin?« Ich warf einen Blick auf Paul, doch der schien ausnahmsweise nichts gegen meine Fragen zu haben.

Der dünne Mann zuckte die Achseln. »Keine Ahnung. Sind gekommen und gegangen. Wahrscheinlich aufs Festland, wie die meisten Jungen hier. Waren nie besonders beliebt, weil sie die Preise kaputt gemacht haben. Machen sie jetzt auf dem Festland. Chinesen arbeiten immer billiger als andere.«

»Soso«, sagte ich.

»Ja, ehrlich. Ich hab nichts gegen Schlitzaugen, aber sie sollen sich verdammt noch mal an unsere Regeln halten. Die unterlaufen einfach unser System. Ich meine, wir haben unsere Löhne mit Hilfe der Gewerkschaften mühsam erkämpft. Mit den Chinesen war dann alles wieder beim Teufel. So was funktioniert nur, wenn sich alle dran halten.«

»Ja«, sagte ich. »Bei uns läuft es ähnlich mit den Osteuropäern. Aber die Unternehmer haben nicht direkt was gegen die billigen Arbeiter, oder?«

»Da hast du verdammt Recht«, nickte er. »Das vergessen immer alle. Na ja, hier gibt's jedenfalls keine Chinesen mehr und auch sonst kaum jemand. Dafür jede Menge Geisterstädte draußen im Busch. Und auch dieses Kaff hier wird allmählich zur Geisterstadt. Überlegt's euch. Zieht her. Es ist wirklich eine schöne Gegend. Wäre verdammt schade, wenn Gladstone total den Bach runtergehen würde.«

»Wir werden darüber nachdenken«, antwortete Paul an meiner Stelle. »Aber jetzt fahren wir erst mal in den Mount William National

Park. Müssen uns die Gegend schließlich ansehen, ehe wir ein Haus kaufen.« Er schaute sehr ernst, zwinkerte mir aber mit einem Auge zu.

»Klar«, stimmte der magere Mann zu. »Wird euch gefallen, der Mount William. Bis später.« Damit nahm er sich eine neue Zeitung und begann wieder zu lesen. Wir füllten einen Karton mit unseren Vorräten und traten vor die Ladentür. Gras wuchs aus den Schlaglöchern in der langen, geraden Straße, die durch Gladstone führte, und die wenigen Häuser warfen lange Schatten, denn die Sonne stand schon tief. Kein Mensch war zu sehen, nur ein Hund bellte irgendwo. Die Zeit stand still. Für ein paar Minuten wurde Gladstone wirklich zur Geisterstadt, und wir beide wagten kaum zu atmen.

Dann wirbelte Staub auf, Reifen knatterten über die löcherige Dirtroad, die von rechts in die Hauptstraße mündete. Ein Pickup hielt vor uns, zwei Frauen sprangen heraus, mit braun gebrannten, kräftigen Beinen unter kurzen Hosen, die Füße in Stiefeln, breitkrempige Lederhüte auf dem Kopf. Pferdegeschirre lagen auf der Ladefläche des Wagens.

»Heijaduin! Bloody nice day«, sagten die Frauen ein bisschen zu laut, tippten an ihre Hüte wie Cowboys und gingen mit großen Schritten an uns vorüber. Dann schlug die Ladentür hinter ihnen zu.

Paul verstaute schweigend den Karton im Wagen. Erst als wir einstiegen, räusperte er sich. »Wenn man in einer Machogesellschaft nicht auch ein bisschen Macho wird, hat man keine Chance. Du solltest mal die Frauen von den Minen erleben. Die Frauen, die Trucks fahren oder Maschinen bedienen. Die fluchen und saufen wie die Kerle, da könnte man glatt vergessen, dass sie Frauen sind.«

Unzählige Rinder grasten auf weiten grünen Koppeln. Es waren besonders schöne Tiere mit kräftigen, wohlgenährten Körpern; ihr Fell glänzte, als würde es täglich gestriegelt. Auch ihre Farben waren ungewöhnlich – Hellgrau, Rotbraun, Apricot –, und sie hatten keine

Hörner. Die Kälber sahen aus wie junge Antilopen, mit viel zu langen Beinen, übergroßen Ohren und riesigen, dunklen Augen. Wir hielten an und stellten uns an den Zaun, um ihnen zuzusehen. Obwohl sie mehr als hundert Meter von uns entfernt waren, trieb der Wind ihren warmen, animalischen Duft zu uns herüber.

Die ersten Tiere warfen die Köpfe hoch und starrten uns an. Nach wenigen Minuten hatten alle zu grasen aufgehört und starrten. Dann begannen sie zu laufen. Große und kleine Rinder schoben sich wild nach vorn, galoppierten endlich auf uns zu und hielten erst zwei, drei Meter vom Zaun entfernt an – so plötzlich, dass die Nachdrängenden auf die Stehenden prallten, ein wildes Durcheinander von Köpfen, Ohren, Schwänzen. Dann auf einmal Ruhe. Sie starrten mit in den Nacken gelegten Köpfen, so dass wir das Weiße in ihren Augen sehen konnten. Prüfend sogen sie die Luft in ihre feucht glänzenden Nüstern, und schließlich, als hätte jemand ein unhörbares Signal gegeben, begannen sie zu brüllen. Alle gleichzeitig, auch die Kälber.

Paul und ich wichen ebenfalls gleichzeitig vor dieser Schallwelle zurück, hielten uns die Ohren zu. Es schien, als brüllte jedes Tier, so laut es nur konnte, und bei genauem Hinsehen stellte ich fest, dass es auch den Rindern selbst bald zu laut wurde, denn sie versuchten, ihre Ohren vor den Mäulern der anderen in Sicherheit zu bringen, indem sie die Köpfe wegdrehten. Trotzdem machten sie keinerlei Anstalten, ihr Konzert zu beenden. Es blieb uns nichts anderes übrig, als schnellstens in den Wagen zu springen und zu flüchten.

»Kannst du mir mal erklären, was mit denen los ist?«, fragte Paul, als das Gebrüll hinter uns verebbte.

»Vielleicht war ihnen auch langweilig und sie haben sich über die Abwechslung gefreut.«

»Jesus«, sagte Paul und rieb sein rechtes Ohr.

Die Straße bestand inzwischen vor allem aus Löchern. Wir überquerten eine hölzerne Brücke und entdeckten im Bachbett unter uns eine herzförmige Insel. Niedriger Buschwald hatte die Weiden verdrängt, dazwischen lagen freie Flächen, die von hohem steppenartigem Gras bedeckt waren.

Ich hatte inzwischen auf der Landkarte herausgefunden, dass der »Mount« William nur 218 Meter hoch ist, deshalb hielten wir nicht länger nach einem Berg Ausschau. Ein großes Holzschild zeigte uns an, dass wir den Nationalpark erreicht hatten. Wir folgten jetzt einem Sandweg, der Forester Kangaroo Drive hieß und uns endlich zu Stumpys Bay führen würde. Aber schon kurz nachdem wir von der Haupt-Dirtroad abgebogen waren, hatten wir plötzlich das Gefühl, dem Paradies ein Stück näher zu kommen.

Es sind immer wieder diese Savannenlandschaften, die mich besonders entzücken. Dabei könnte ich nicht sagen, dass sie spektakulär sind. Keine wilden Schluchten, Felsbuchten, Urwälder. Einfach nur sanfte Heidelandschaft mit kurzem, weichem Gras, Baumgruppen, ein paar Büsche, heller Sand. Der Blick kann weit schweifen und doch findet er Halt an einzelnen Bäumen, grünen Inseln.

Hier war die Nähe des Ozeans schon zu spüren – im Licht, im Wind und den wilden Wolken. Als wir uns der lang gezogenen Bucht näherten, entdeckten wir, dass es vier ausgewiesene Lagerplätze gab. Wir wählten den vierten, den am weitesten entfernten – zum Glück, denn außer uns gab es nur noch zwei Wohnmobile. Wir stellten unser Auto am Rand einer flachen Lagune ab, in der langbeinige Stelzvögel nach Nahrung suchten. Es roch nach Salz und Jod. Hier waren wir ganz allein, verborgen hinter Bäumen, nur der Strand lag vor uns.

In der eiskalten Brandung spülten wir uns den Schweiß vom Körper, liefen dann im blauroten Sonnenuntergang zum Wagen zurück, blieben stehen, als wir überall Wallabys entdeckten, die winzige Grashalme knabberten und sich kaum von uns stören ließen. Gelassen, mit einem geschmeidigen Satz, rückten sie ein wenig zur Seite, wenn wir langsam an ihnen vorbeigingen.

In dieser Nacht fielen unzählige Sterne ins Meer und wir wagten kaum zu schlafen, um dieses Funkeln und Zischen nicht zu versäumen, das über und unter uns zu sein schien. Die Wallabys blieben bei uns. Dunkle Silhouetten mit großen Ohren im Sternenlicht. Vielleicht zählten auch sie die Sternschnuppen.

Look to the new-found Dreaming
Rise as a new-born man
Forever to take your pride of place
Or bequeath your blood on sand.
Die as a man if die you must
Die as a man born free
It's better to die than to live a lie
As gutless scum, Koori.

KEVIN GILBERT

Im Morgengrauen waren die Wallabys noch immer da, saßen rund um unser Auto, als hätten sie uns bewacht. Erst als wir behutsam ausstiegen, hopsten sie davon, um das Gras am Rand der Lagune zu fressen. Wir selbst aßen ein bisschen Obst, ein paar Vollkornkekse. Dann packten wir Wasserflaschen und Proviant in den Rucksack, schmierten uns mit Sunblocker ein und machten uns auf den Weg zu den Cobler Rocks. Wir hatten keine Ahnung, was sich hinter dem Namen verbarg, hatten ihn nur am Abend zuvor auf einem hölzernen Wegweiser gesehen: »Cobler Rocks 2 Stunden«.

Gleich hinter den Stränden und Dünen von Stumpys Bay begann die Heide, sah aus wie die Landschaften auf Nordsee-Inseln. Das harte Dünengras, Strandhafer, borstige Büsche kamen mir ganz vertraut vor, erinnerten mich an ein anderes Paradies. Meeresdüfte mischten sich mit den ätherischen Ölen der Kräuter.

Der Fußweg war schmal und sandig. Heftiger Wind kam von Osten, als hätte die Sonne beim Aufgehen eine Windmaschine angeworfen. Die Grashalme bogen sich nach Westen. Obwohl unsere Schritte auf dem weichen Pfad beinahe lautlos waren, bekamen wir keines der legendären Forester-Kängurus zu sehen, und wie immer in Australien begann die Sonne zu stechen, sobald sie nur ein wenig über den Horizont gestiegen war. Noch war sie nicht heiß, und so bewegten wir uns fast ohne Anstrengung über den federnden Boden und erreichten die Cobler Rocks bereits nach eineinhalb Stunden. Wir waren keinem Menschen begegnet und keinem Tier.

Auf einer Düne, die wie eine Halbinsel ins Meer ragte, türmten sich große runde und ovale Steinblöcke. Ohne Zweifel war dies einst ein heiliger Ort der Ureinwohner gewesen, obwohl hier sicher seit beinahe zweihundert Jahren kein Ritual zelebriert worden war. Und uns kam der Gedanke, dass die Aborigines keine Architektur benötigten, weil die Natur ihnen Tempel baute, und dass wir Menschen, die wir so stolz auf unsere Kulturleistungen sind, fast alle unsere Ideen ebendiesen genialen Naturarchitekten und Künstlern abgeschaut haben.

Ich kletterte auf den höchsten Granitfelsen und schaute mich um. Ringsum breitete sich der paradiesische Reichtum aus, den einst die Bewohner dieser Insel genossen haben: hinter mir die Jagdgründe, rechts und links der Strand und die flachen Felsbecken nahe der Küste, vor mir das Meer, das seine Geschenke ans Ufer warf.

Der Wind war stärker geworden, zerrte an uns, trieb uns am Meeressaum entlang, über weiche Seetanghügel, die warm und seltsam salzig-faulig rochen – wie Muschelsud. Sandbuchten wechselten sich mit Felsen ab, die von orangefarbenen Flechten bedeckt waren und aussahen wie Köpfe von Fabelwesen. Plötzlich standen wir vor einer Pyramide aus weißen verwitterten Muscheln, einem der berühmten Abfallhaufen der Ureinwohner, und bekamen Herzklopfen, weil wir so unerwartet mit einem Beweis konfrontiert wurden, dass es sie tatsächlich gegeben hat.

Natürlich, es war keine Skulptur, keine Säule oder etwas Ähnliches – nur ein Abfallhaufen, Überbleibsel ihrer Mahlzeiten. Aber er hatte trotzdem etwas von einem Kunstwerk und war einfach schön. Wenn Abfall nur aus Muschelschalen und Schneckengehäusen, aus kleinen Knochen und Seeigel-Skeletten besteht, kann er nur schön sein. Zudem hatte die Zeit, gemeinsam mit Wind und Meer, alles weiß gebleicht und aufgeraut.

Wir fragten uns, ob es Reinlichkeit war, die zur Entstehung dieser Haufen geführt hatte, oder ob die Ureinwohner ihre Mahlzeiten an bestimmten Orten eingenommen hatten. Dies hier war zum Beispiel kein schlechter Platz für ein gemeinsames Mahl. Eine kleine Bucht, umgeben von Felsen. Genügend Platz für ein paar Feuer und Schutz vor dem aufdringlichen Ostwind – das ehemalige Speisezimmer einer Großfamilie.

Wir beschlossen, genau an dieser Stelle ebenfalls Rast zu machen, hingen unseren Gedanken nach, während wir Thunfisch aus der Dose aßen und uns vorzustellen versuchten, wie die Menschen damals gemeinsam ihre Mahlzeit zubreiteten – Muscheln im Feuer garten oder in der heißen Asche vergruben, große und kleine Krabben auspulten, einen Hummer genossen oder gar eine Languste.

Ich hatte gelesen, dass erst die Männer ihren Hunger stillten, Frauen, Kinder und Alte dann die Reste aßen. Doch niemand musste Hunger leiden. Auch bei den Tasmaniern wurden Frauen auf Distanz gehalten und nach unseren heutigen Vorstellungen diskriminiert. Sie hatten ihren eigenen Bereich, ihre eigenen Rituale. Mir kommt es so vor, als bemühten auch unsere Jäger- und Sammlervorfahren sich vor allem darum, ihre Angst vor der Macht der Frauen abzuwehren. Die Frauen dagegen übten ihre Macht einfach aus, indem sie taten, was getan werden musste: Sie versorgten den Clan zumindest mit zwei Dritteln der Nahrung, gebaren Kinder und entschieden mit Hilfe alter, weiser Frauen, welches Kind leben sollte und welches nicht. Als die Tasmanier ihre Freiheit verloren, wurden keine Kinder mehr geboren. Ein ähnliches Phänomen ist übrigens von den Ureinwohnern der karibischen Inseln bekannt. Als sie zu Sklaven gemacht wurden, gaben sie sich selbst auf und verweigerten die Fortpflanzung.

Die tasmanischen Ureinwohner waren den ersten Weißen freundlich begegnet, doch kaum hatten diese Weißen Fuß gefasst, behandelten sie die Schwarzen wie Tiere. Vertrieben aus ihren Jagdgründen, ständigen Massakern ausgeliefert, kamen sie innerhalb von dreißig Jahren bis auf wenige hundert um. Es gibt grausige Details in der Geschichte dieses Untergangs einer kleinen Kultur: Weiße Robbenjäger fuhren mit ihren Booten an den Küsten entlang und machten Jagd auf die Clans. Sie töteten die Männer und entführten die Frauen, um mit ihnen zu leben und sich ihre Erfahrung beim Robbenfang zunutze zu machen. So genannte *bushranger* – meist entlaufene Sträflinge, die ganze Banden von Outlaws bildeten, plündernd und raubend durch das Land zogen – töteten unzählige Ureinwohner.

Das Ende der Stämme aber besiegelten letztlich die Bauern, denen großzügig Land zur Verfügung gestellt wurde. Zwischen ihnen und den Ureinwohnern brach ein erbitterter Krieg aus. Die Kängurus wurden beinahe ausgerottet, um Platz für Schafe und Rinder zu schaffen. Eine der Nahrungsgrundlagen der Schwarzen war damit beseitigt, sie selbst wurden aus den Jagdgebieten verdrängt. Was lag da näher, als dass die Ureinwohner Schafe und Kühe jagten – mit Hilfe der Hunde, die die Weißen nach Tasmanien gebracht hatten.

Das führte dazu, dass jeder Schwarze erschossen wurde, der in die Nähe von Schafen oder Rindern kam. Als Reaktion darauf wurden auch die einst friedlichen Ureinwohner gewalttätig. Sie ermordeten alle weißen Siedler, die sie erwischen konnten.

Im Nordosten, genau in der Region des Mount William National Park, führte ein Häuptling namens Manalagana den Kampf um das eigene Land an, doch vergebens. Die Siedler schlossen sich zusammen und machten regelrecht Jagd auf die Ureinwohner. Wenn sie auf eine Großfamilie trafen, ermordeten sie alle: Männer, Frauen, Kinder und Alte.

1828 schickte der Gouverneur Arthur Phillip Soldaten aus, um dem gegenseitigen Morden ein Ende zu bereiten. Er ordnete an, dass die Schwarzen lebend gefangen und an einen sicheren Ort gebracht werden sollten. Diese Operation ging als »Schwarzer Krieg« in die Geschichte ein und führte dazu, dass mehr als drei Viertel der verbliebenen Ureinwohner ums Leben kamen. Es war schlicht Völkermord.

Niemand weiß, ob dieses Ergebnis Teil von Arthur Phillips Plan war, obwohl diese Annahme durchaus nahe liegt, da er auch die Strafgefangenen mit unglaublicher Härte behandelte. 1830 entwickelte er jedenfalls einen neuen Plan: The Black Line, eine systematische »Treibjagd« auf Schwarze. Hunderte von Soldaten und Freiwilligen durchkämmten das Farmland, sollten die Schwarzen wie

Wild vor sich hertreiben, bis endlich alle aufgestöbert und auf der Forestier-Halbinsel gefangen wären. So war es geplant.

Die ganze Aktion kostete 50 000 Pfund, und die vielen Weißen fingen einen einzigen schwarzen Mann und einen Jungen. Nach diesem Fehlschlag suchte der Gouverneur Freiwillige, die sich zu den letzten Clans vorwagen sollten, um sie davon zu überzeugen, ins Exil zu gehen; nur dort würden sie Sicherheit finden. Ein Maurer aus Hobart namens George Augustus Robinson meldete sich als einziger Freiwilliger. Zusammen mit einer kleinen Gruppe von Ureinwohnern, die ebenfalls Frieden stiften wollten, machte Robinson sich auf den Weg. Eine junge Frau namens Truganini nahm ebenfalls an dieser Expedition teil. Sie war eine Häuptlingstochter aus Bruny Island und viele Jahre später die letzte überlebende Tasmanierin.

Irgendwie gelang es den Unterhändlern, die letzten Ureinwohner zu sammeln und davon zu überzeugen, dass es besser war, ihre Heimat zu verlassen. An die zweihundert Tasmanier wurden 1834 nach Flinders Island umgesiedelt. Diese Insel im Norden Tasmaniens war damals noch nicht von Weißen bewohnt. Plötzlich fanden sich diese freien Menschen in der Situation von Sozialhilfeempfängern wieder. Sie bekamen die Nahrung der Weißen, wurden gekleidet und mussten in Hütten wohnen. Außerdem bekehrte man sie zum Christentum und brachte ihnen Lesen und Schreiben bei. Vermutlich war all das gut gemeint, doch bar jeden Verständnisses für die Entwurzelten. Eine stille Tragödie spielte sich auf der einsamen Insel ab. Die letzten Tasmanier starben an Tuberkulose, Syphilis, Masern, an Heimweh und gebrochenem Herzen – einer nach dem anderen. Kein Kind wurde mehr geboren.

1847 waren noch vierzig schwarze Menschen übrig. Noch einmal wurden sie umgesiedelt – sie hatten mit Erfolg eine Petition an Königin Victoria gerichtet –, diesmal zurück nach Tasmanien, an einen Ort namens Oyster Cove gegenüber North Bruny Island. Doch es war zu spät. Viele begannen zu trinken – wer möchte es ihnen verdenken. Der letzte tasmanische Mann starb 1869. Truganini, die einst versucht hatte, ihr Volk zu retten, lebte bis 1876. Ihr Skelett wurde viele

Jahre lang in Hobart öffentlich ausgestellt. Erst hundert Jahre nach ihrem Tod erfüllte man ihren letzten Wunsch, verbrannte ihre Knochen und verstreute die Asche im Meer vor ihrem geliebten Bruny Island.

Im warmen Abendlicht fuhren wir langsam durch die ehemaligen Jagdgründe der Tasmanier. Die Forester-Kängurus haben die Kolonisierung überlebt – knapp nur, aber sie haben es geschafft. Ehe sie ganz ausgerottet waren, schuf man dieses Refugium für sie. Im Mount William National Park fühlten wir uns plötzlich in die Zeiten vor der Besiedlung zurückversetzt. Überall auf den sanft gewellten, grasbewachsenen Ebenen saßen Boomer und ästen, bewegten sich im Zeitlupentempo auf ihren gewaltigen Hinterläufen, stützten sich auf die muskulösen Schwänze, putzten sich mit ihren viel zu kleinen Händen.

Am Morgen war keine Spur von ihnen zu entdecken gewesen, jetzt am Abend erschienen sie wie durch Zauberhand, wohin wir auch schauten. Aber sie mochten es nicht, wenn wir uns zu Fuß näherten. Menschen im Auto kamen ihnen offensichtlich weniger gefährlich vor. Und so rollten wir gemächlich über die Sandwege, obwohl wir lieber gelaufen wären. Wir waren die einzigen Menschen in dieser Urlandschaft, glaubten manchmal einen lang anhaltenden Ton zu hören, doch wenn wir lauschten, raschelte nur der Wind in den Gräsern. Ein besonders großer Wombat hoppelte durch die hohen Halme, große Vögel flogen zu ihren Schlafbäumen. Die untergehende Sonne legte einen goldenen Schimmer auf die Heide, die Büsche, die Tiere, auf unsere Gesichter und über unsere Herzen. Paradies-Stunde.

Später, am Rand unserer Lagune, lasen wir uns und den Wallabys den Baum-Mythos der Ureinwohner vor, die in der Großen Australischen Wüste zu Hause sind und von denen einige die Atomversuche der Briten in den 50er und 60er Jahren des 20. Jahrhunderts überlebt haben. Der Schriftsteller Bahumir Wongar hat diesen Mythos aufgeschrieben, und so wird er hoffentlich für alle Zeiten erhalten bleiben:

> Am Anfang war die Welt in Wasser und Sand aufgeteilt – so war es, bevor die Bäume auftauchten. Sie stiegen aus dem Meer, wie unsere *tjamus* (Vorfahren) sagen. Sie kamen zusammen mit den *narngi*, den Fröschen, heraus, um an Land nach Nahrung zu suchen. Dabei wurden Sie von einem Sandsturm überrascht; die *narngi* hüpften zurück ins Meer, aber die Bäume verirrten sich, und als die Nacht hereinbrach, schlugen sie ihr Lager auf dem Boden einer riesigen Lehmmulde auf. In einem unbekannten Land bekommt man irgendwann Angst; die Pflanzen klammern sich aneinander, um den Mut nicht zu verlieren, und breiten ihre Wurzeln im warmen Sand aus, damit die Blätter in eisigen Nächten nicht erstarren. Niemand wusste damals etwas über *wuru*, das Feuer, denn die Pflanzen glauben nicht daran, dass einem warm wird, wenn man seine eigenen Gliedmaßen verbrennt.
>
> Als die Bäume so lagerten, fürchteten sie, der Sand könnte während der Nacht hereinkriechen und die Lehmmulde zudecken. Und es hatte wohl kaum Sinn zu schlafen, wenn man dann beim Aufwachen feststellen muss, dass man bis zum Hals eingegraben ist. Die Bäume hielten sich wach, indem sie mit ihren Blättern raschelten, so wie Männer heutzutage ihren Bumerang gegen ihren Speer schlagen, denn keine Seele hat es gern, in aller Stille von der Wüste verschluckt zu werden.
>
> Die Bäume sangen:
>
> *Auf dem Grund einer Mulde aus Lehm*
> *kamen Eukalyptusbäume zu stehn*
> *schlagt eure Krallen*
> *in den Boden ein.*

Der Gesang lockte Vögel an, denn die Vögel haben Augen wie Perlen und sind die Ersten, die sehen können, dass die Sandkörner aufgehört haben zu wandern. Die Vögel können auch spitze Schreie ausstoßen und so jede Seele wecken, damit sie herauskommt und das Vordringen der Wüste aufhält.

Die Bäume haben sich seit langem über das ganze Land ausgebreitet, doch einige von ihnen lagern noch immer dort in jener Lehmmulde auf halbem Weg zwischen Wüste und Meer. Als ich das letzte Mal dort war, sah ich einen ganzen Hain – alle Stammesältesten. Hin und wieder warfen sie den einen oder anderen verdorrten Ast ab, aber immer noch harrten sie aus. Der Sand hat sich an einigen Stämmen aufgetürmt, doch keine Wüste könnte so lange Kerls verschlucken, die bis zu den Achseln des Himmels hinaufgewachsen sind. Auf ihren höchsten Zweigen hocken Kakadus und halten Ausschau; die Vögel kreischen, sobald sie einen Sturm erblicken. Gewarnt stützen sich ihre Freunde, die Bäume, auf ihre hölzernen Krücken und strecken sich dem Himmel entgegen. Da braucht es mehr als einen Sandsturm, um sie dann noch zu verschlingen.

Schließlich waren die Bäume es leid, in der Welt herumzuwandern, und ließen sich endgültig nieder. Obwohl sie zuweilen immer noch herumspringen, haben sie schon vor langer Zeit die Geheimnisse des Gehens an die Menschen weitergegeben. Die Menschen erfuhren von den Pflanzen auch, wie man Gegenden ohne Wasser durchquert und sich vor der Sonne schützt, so wie auch die Blätter wissen, wie sie sich in der glühenden Hitze des Sommers schützen können.

Wenn ein Mensch durch ein unbekanntes Land wandert, folgen ihm Bäume wie treue Hunde. Oft sind sie in geschützten Tälern zu finden, und an einem ausgetrockneten Fluss sind sie immer zur Stelle, um ihm zu trinken zu geben. Bäume stehen auch auf großen Felsen, und unterwegs machen die Menschen dort Rast; sie schmiegen sich in den kalten Winternächten an den warmen Stein. Kein Reisender, der etwas über Bäume weiß, wird sich im Busch verirren; die Zweige werden ihm immer zeigen, welchen Weg er einschlagen muss.

Kein Mensch gräbt seinen Fuß in die Erde ein und schlägt Wurzeln, denn er ist immer in Bewegung – die Bäume dachten daran, gaben ihm den Speer, damit er Nahrung jagen kann, und ließen ihn aus einem krummen Ast den Bumerang schneiden. Bäume erlauben es dem Menschen, weiches Holz zu bearbeiten und Schalen daraus zu machen, um darin Grassamen zu sammeln oder Wasser zu tragen. Wenn du willst, dass ein Baum hart wird, lass dein *wana*, deinen frisch angefertigten Grabstock, in der Sonne liegen, und er wird hart wie Stein.

Da die Bäume größer und viel klüger sind als Menschen, können sie jederzeit voraussagen, wann ein Sturm aufkommt. Sie sichten eine Wolke, sobald sie am Horizont aufsteigt, und rascheln mit ihren Blättern, um die Nachricht weiterzugeben. Später dann, wenn der Wirbelsturm durch das Land rast und Staubsäulen aufpeitscht, schlagen die Bäume ihre Äste aneinander, um die Menschen vor dem nahenden Unheil zu warnen.

Klammere dich an einen dicken Stamm, und die Zweige werden sich herabsenken, um dich zu beschützen. Wenn die Bäume alt sind, werden sie noch freundlicher und öffnen einen Teil ihres Stammes, damit sich Vögel, Tiere oder Menschen in dem Hohlraum verstecken können.

Sei freundlich zu Bäumen, und sie werden für dich zu einer Blume erblühen und eine Schar Honigsauger und einen Bienenschwarm anlocken. Sie belohnen dich außerdem noch mit Nüssen und Früchten und dadurch, dass sie unten an ihren Wurzeln ein Nest für Larven schaffen. Vergiss nicht, Bäume sind schließlich mit den Menschen verwandt.

Als wir uns zum Schlafen zurücklehnten, die Füße auf dem Armaturenbrett, hörten wir noch lange den Ästen zu, die im Sturm aneinander schlugen. Tausend kleine Wellen tanzten im Mondlicht über die Lagune.

»Vielleicht«, sagte Paul leise, »vielleicht sollte man diese Geschichte den Chefs der Holzfirmen vorlesen.«

Am nächsten Morgen wanderten wir wieder in die Heide hinter den Dünen. Leichter Dunst lag in den Senken. Ein Mann kam auf uns zu, quer durch den Busch, gefolgt von einem kleinen Hund. Da Hunde in sämtlichen Nationalparks strengstens verboten sind, blieben wir neugierig stehen. Nein, es war kein Hund, sondern ein kleiner Wombat. Wie an einer unsichtbaren Leine folgte er dem Mann, dessen Umrisse allmählich schärfer wurden. Es war ein junger Ranger, der uns kurz darauf lachend einen guten Morgen wünschte. Der kleine Wombat blieb stehen und schaute zu uns herüber.

»Er hat seine Mutter verloren«, sagte der Ranger. »Hat mich gesehen und sofort adoptiert. Läuft mir schon seit einer Stunde nach. Muss ziemlich Hunger haben, der kleine Kerl.«

»Und was machen Sie jetzt mit ihm?«, fragte ich.

»Ich lass ihn hinter mir herlaufen, bis wir beim Wagen sind. Der steht da vorn unter den Bäumen. Dann wickle ich ihn in eine Decke und bringe ihn in einen Wildpark hier in der Nähe. Er kann noch nicht alleine überleben.«

»Was ist mit seiner Mutter?« Paul bückte sich zu dem kleinen Bärchen, das vorsichtig immer näher gekommen war.

»Wahrscheinlich ist sie tot«, vermutete der Ranger. »Er wär mir nie nachgelaufen, wenn seine Mutter noch in der Nähe wäre.«

Der kleine Wombat drängte sich plötzlich zwischen meine Füße und begann an meinen Jeans zu nuckeln.

»Darf ich ihn anfassen?«

»Klar.«

Vorsichtig streichelte ich seinen Rücken. Ein kräftiger, harter Körper verbarg sich unter dem weichen Fell. Und schon hatte er sich umgedreht und lutschte an meinem Unterarm, sog die Haut so heftig zwischen die Zähne, dass es ziemlich weh tat. »Er muss wirklich einen Mordshunger haben«, sagte ich und verbiss den Schmerz. Das blaue Mal an der Innenseite meines Arms sollte ich noch ein paar Wochen mit mir herumtragen.

»Vielleicht ist seine Mutter überfahren worden. Vielleicht auch nur angefahren und dann irgendwo im Busch gestorben. Irgendwie seltsam ... na ja, vielleicht war sie auch krank. Ganz versteh ich es allerdings nicht, denn Wombats sind so ziemlich die zähesten Viecher, die ich kenne«, murmelte der Ranger. »Sie überstehen sogar die schlimmsten Buschbrände, weil sie ganz tiefe Höhlen bauen.«

Wir begleiteten den Ranger und sein Findelkind bis zum großen Jeep, der am Ende des Sandwegs parkte, schauten zu, wie er behutsam eine Decke über den Wombat legte und ihn erst dann aufhob und in den Wagen lud.

»Jetzt hat er vielleicht das Gefühl, wieder im Beutel seiner Mutter zu sein«, lächelte der junge Mann. »Zeltet ihr in der vierten Bucht? Das ist die schönste. Ich geh dort ab und zu mit meiner Freundin schwimmen. Wir sind immer allein zwischen den orangefarbenen Steinen. Ein magischer Ort, nicht wahr?«

Er winkte uns zu und fuhr langsam davon, während ich dachte, dass er ein magischer junger Mann ist. Einer, auf den der Geist dieser Landschaft übergegangen war.

Austernfischer, Pazifikmöwen und winzige Strandläufer trippelten am Meeressaum entlang. Der Sand funkelte, wenn die Wellen zurückschwappten, und spiegelte den Himmel wider. Wolken flogen über den Strand; wir konnten auf ihnen gehen. In den Vertiefungen blieben kleine Pfützen zurück und schaumige Blasen. Samenkapseln wie Seeigel, mit langen Borsten, wurden vom Wind über den Strand getrieben, rollten dahin, eilig und ziellos, sammelten sich endlich in einer Kuhle wie eine Herde verschreckter Schafe.

Und immer zerrte der Wind an uns, trieb uns wie die Samenkapseln. Wenn ich mich ihm überließ, fühlte ich mich ganz leicht und flüchtig. Gar nicht mehr gebunden an die Schwerkraft. Wir kletterten lange zwischen den orangeroten Felsen herum. Lauter Kunstwerke, von einem unbekannten göttlichen Meister geschaffen. Und das Meer überraschte uns mit immer neuen Geschenken. Abalone-Muscheln, die innen in allen Farben schimmerten, eine Argonauta, weiß und filigranzart, schwarze Eier von Hai und Rochen.

Wie ein Rausch kam es über uns, und wir liefen von Bucht zu Bucht, von Felsgruppe zu Felsgruppe. Bis es ganz dunkel war und wir nichts mehr sahen als den Widerschein der Sterne auf dem nassen Sand. Dann endlich kehrten wir um, mit den Füßen im Himmel und dem Kopf sonstwo. Kurz vor unserer Lagune lösten sich zwei Schatten von den Steinskulpturen am Ufer. Wir erschraken, doch es war nur der Ranger mit seiner Freundin.

»Wir wollten schwimmen, aber das Wasser war zu kalt«, sagte er.

»Da haben wir den Sternen zugeschaut«, fügte sie hinzu.

»Ja«, sagte ich, »wir auch. Wir sind auf ihnen spazieren gegangen.«

Sie lachten, und ich wusste, dass sie mich verstanden hatten.

Nach vier Tagen und Nächten rissen wir uns mühsam los von Stumpys Bay. Die Wallabys waren inzwischen so zutraulich, dass wir sie vorsichtig berühren konnten. Und es ging ihnen wirklich nicht ums Fressen, denn von uns hatten sie nichts bekommen. Der junge Ranger erzählte uns bei seinen Besuchen am Strand von der schrecklichen Krankheit, die das Zahnfleisch der Wildtiere anschwellen lässt. Sie verhungern, weil sie nichts mehr fressen können. Ursache sind Zucker und Weißmehl – alle verarbeiteten Nahrungsmittel eben.

Eines der kleinen Kängurus aber holte sich doch noch einen Leckerbissen, vermutlich ganz zufällig und aus Neugier. Als wir nämlich unser bescheidenes Lager aufräumten und packten, ließen wir den Kofferraum des Wagens offen. Plötzlich machte Paul mir Zeichen, legte den Finger auf die Lippen und deutete mit der anderen Hand auf den Wagen.

Da hing ein langer Schwanz heraus, dick wie eine Riesenschlange. Wir schlichen uns an und überraschten ein Wallaby, als es gerade den Kopf in eine Plastiktüte voll Obst steckte. Es war so beschäftigt, dass es uns nicht bemerkte.

Eine Weile schnüffelte es unschlüssig herum, dann griff es mit seinen kleinen Händen nach unserer letzten Banane, hielt sie hoch, betrachtete sie prüfend und biss hinein. Es kaute heftig, biss noch ein Stück ab und ließ die Banane fallen. Offensichtlich war sie doch nicht nach seinem Geschmack. Als es sich einen Apfel nehmen wollte, griff Paul ein.

»He, du«, sagte er. »Wenn der Ranger kommt, kriegst du Schwierigkeiten.«

Das Wallaby stieß einen leisen erschrockenen Laut aus und sprang mit einem langen Satz aus dem Kofferraum, hinterließ eine halbe Banane und zwei kleine Kotbällchen.

Als wir endlich unser Gepäck verstaut hatten, lief ich noch einmal zum Strand hinunter, barfuß über das weiche, kurze Gras am Rand der Lagune, dann über den Sand und mitten in die Wellen hinein. Eigentlich konnte ich nicht weg. Wollte diese Paradies-Augenblicke aneinander reihen, immer weiter.

Als ich später im Wagen saß und Paul zum letzten Mal den sandigen Weg entlangfuhr, der uns schon ganz vertraut war, weinte ich. Der Gedanke daran, dass ich vielleicht nie mehr an diesen Ort zurückkehren würde, schnürte mir die Kehle zu und schmerzte mich. Wieder fühlte ich mich flüchtig, weitergetrieben vom Wind und den Gezeiten des Lebens.

»God loves you« stand in großen Buchstaben auf einem Felsen am Ende des Mount William National Park.

»Welcher Gott?«, schmunzelte Paul. »Ich meine, du musst zugeben, dass heutzutage eine Menge Götter angeboten werden.«

Ich war dankbar für seinen Scherz. Fühlte mich ein bisschen erlöst von der Trauer über den Abschied von Stumpys Bay.

»Wer das auf den Felsen gesprayt hat, kennt nur einen Gott«, antwortete ich. »Und der ist nur für Auserwählte.«

So wie das Leben lebenswert ist,
ist auch die Wildnis es wert,
bewahrt und verteidigt zu werden.

BOB BROWN

Hinunter zur Ostküste über Berge und Pässe, zurück ins Land der Baumfarne und Wasserfälle. Der Wechsel war heftig, verwirrte uns.

»Wir können auch umkehren«, sagte Paul. »Willst du ein Haus in Gladstone kaufen?«

»Ja, natürlich«, erwiderte ich.

»Soll ich umkehren?«

»Nein.«

Und so fuhren wir durch Wälder und Täler, erreichten endlich die Küste, fanden sie dicht besiedelt, sehr touristisch und voller Schilder: »For Sale«. Fuhren und fuhren, vorüber an Jachthäfen und Surf-Clubs, Anglerparadiesen, Wegweisern zu unzähligen Wasserfällen, bis wir endlich den Freycinet National Park erreichten. Dichte Wolken hingen über den Bergen. Freunde hatten uns gesagt, wir müssten *unbedingt* die Wineglass Bay sehen, jene legendäre Bucht in Form eines Weinglases.

Doch als wir die Autos sahen und die Blockhütten, die Wandergruppen, die Werbung für Rundflüge und »Abseiling« und dergleichen – da konnten wir einfach nicht. Und wir möchten die Freunde um Entschuldigung bitten, denn sie haben es sicher gut gemeint. Nur wussten sie vermutlich nichts von Stumpys Bay und dass man danach nicht in der Lage ist, sich in den Rummel zu stürzen.

Verloren hingen wir am Eingang des Nationalparks herum, sehnten uns zurück zu unseren Wallabys, dem Ranger und seiner Freundin, den magischen Felsen und Stränden. Rafften uns endlich doch noch zu einer Wanderung nach Sleepy Bay auf, weil diese Bucht ein bisschen abseits zu liegen schien und weniger Autos auf dem Parkplatz standen. Beinahe unwillig folgten wir dem schmalen Zickzackpfad an der Steilküste, der uns allmählich zum Meer hinabführte. Paul blieb irgendwann zurück, um zu fotografieren, deshalb erreichte ich als Erste die kleine Bucht – zum Glück ganz allein. Als ich mich umschaute, erschrak ich, denn all die merkwürdig geformten Felsen und Steine glichen erstarrten Tieren, Götterbildern, Dämonen. Ich setzte mich in den Sand und ließ diese Gestalten auf mich wirken. Die Wellen schlugen an die Felsen, schienen zu trommeln. Das hier war kein Ort für ein fröhliches Familienfressen. Das war ein Platz für ein Corroboree, für eine Initiation, für eine Besänftigung der Geister und Ahnen, die in den Steinen wohnten.

Ich saß da und spürte eine so heftige Energie, dass es mir schwer fiel zu atmen. Ich hatte jedes Gefühl für Zeit verloren, war fast froh, als irgendwann Kinder den Weg herabrannten und ganz unbefangen zwischen den Felsen umherturnten. Doch auch sie spürten das Andere, verstummten und zogen sich scheu zurück. Die Wolken hingen inzwischen sehr tief, und in der schmalen Bucht wurde es dunkel. Es fiel mir schwer, die Kräfte dieses merkwürdigen Ortes auszuhalten, beinahe wäre ich den Kindern gefolgt.

Eine Weile trieb ich mich am Meeressaum herum, dort, wo die großen Wellen ausliefen und den Sand von den Steinskulpturen fortsogen. Auch das Wasser war sehr dunkel draußen in der Bucht – beinahe schwarz mit weißen Schaumkronen. Mit dumpfem Knall schlug es gegen die hohen Felswände zur Linken. Der Himmel, das Wasser, die Steine – alles wirkte dramatisch, düster. Es war ein Gefühl, als inszenierten die Geister der Ahnen ein Schaupiel. Plötzliche Windstöße fuhren durch die Bucht, die Bäume am Hang schlugen ihre Äste aneinander, um die Menschen zu warnen, wie im Baum-Mythos.

Ich setzte mich in der Mitte der Bucht auf den Sand und schaute in die Gesichter der Fabelwesen, die aus dem Fels wuchsen. Sie kamen mir nicht feindlich vor, eher Aufmerksamkeit heischend, als wollten sie daran erinnern, dass es sie noch gab, dass es sie immer geben würde, ganz egal, was die Weißen auch machten.

Eine Art Trance musste mich weggetragen haben, denn als Paul mich leise ansprach, bereitete es mir Mühe zurückzukehren.

»Hey!«, sagte er und schüttelte mich leicht. »Lass dich nicht von denen wegschlucken. Kann gefährlich werden.«

»Von wem wegschlucken?«

»Von dem, was hier ist.«

»Es war schön«, antwortete ich. »Sie sind nicht böse. Eher traurig.«

»Wer?«

»Die Ahnen und Geister.«

»Hör mal, ich glaube, wir gehen lieber. Sie haben dich schon am Wickel.«

»Nein. Sie wollen, dass du sie fotografierst.«

»Das wollen sie eigentlich nie.«

»Die hier schon. Sie brauchen einen Botschafter.«

Er sah mich an, schüttelte den Kopf und machte ein paar Aufnahmen.

»Das Licht ist beschissen.«

»Das macht nichts. Sonne würde jetzt nicht passen.«

»Erklär das mal meinem Film und meiner Kamera.«

»Die Fotos werden garantiert gut.«

»Dann nimm doch deine eigene Kamera.«

Das machte ich auch. Alle Bilder wurden gut. Seine und meine. Zeigten dieses eigenartige Dämmerlicht und, deutlicher als in Wirklichkeit, die Gesichter in den Felsen.

Am nächsten Tag entdeckten wir in der regionalen Tageszeitung einen Artikel, der uns wie ein seltsames Zusammenspiel unserer Eindrücke mit der Wirklichkeit vorkam. »Rassistische Schmiererei stört Pläne für eine Zusammenkunft der Ureinwohner« stand in dicken Buchstaben auf Seite 11.

Fast ungläubig lasen wir diesen Artikel laut, gleich zweimal hintereinander. Da stand, dass Aborigines zum ersten Mal seit 186 Jahren ein historisches Treffen abhalten wollten. Im Mount William National Park, ein paar Kilometer südlich von unserer Paradies-Bucht. Menschen, die das Blut der Ureinwohner in sich trugen, Nachfahren der Seehundjäger und ihrer geraubten schwarzen Frauen; Aborigines, die vom Festland kamen, um die Rechte ihrer ermordeten Stammesgenossen einzuklagen.

Ein ritueller Tanz war geplant, und organisiert wurde das Ganze vom Tasmanian Aboriginal Centre (TAS). Da stand auch, dass dieses Zentrum ein Gebiet rund um den Eddystone Point, eine schmale Halbinsel am Südende des Nationalparks, besetzt hält, um den Anspruch auf dieses Land zu bekräftigen.

Mit dem Tanz und dem Treffen von vierhundert Abkömmlingen der Ureinwohner sollte die Wiedervereinigung mit dem Land gefeiert werden. Und alle seien eingeladen – Weiße, Schwarze, Gelbe. Doch etwas hatte die Euphorie der Vorbereitungen gedämpft, etwas, das nach unserer Abreise von Stumpys Bay geschehen war. Auf dem Felsen mit der Aufschrift »God loves you« stand nun: »God doesn't love niggers.«

Offensichtlich habe hier jemand Probleme mit der Anwesenheit der Ureinwohner in dieser Gegend, lautete der lakonische Kommentar der TAS-Vorsitzenden.

Der restliche Artikel beschäftigte sich mit einem Müllproblem rund um den Leuchtturm von Eddyson Point. Weiße Ausflügler und Besitzer den Strandhütten hätten sich darüber beschwert und die Aborigines beschuldigt. Irgendwer hätte außerdem die Holzveranda der Hütte neben dem Leuchtturm angezündet. Ein klarer Fall von Vandalismus.

Die schwarzen Besetzer der Halbinsel bestritten, Müll zurückgelassen zu haben. Niemand hatte eine Ahnung, wer Feuer gelegt haben könnte. Aber die Ureinwohner beseitigten alle Schäden, um den Frieden zu erhalten.

»So läuft es immer«, sagte Paul. »Auf dem Festland auch. Die Weißen beschweren sich, die Schwarzen sind schuld. Es könnten Weiße gewesen sein, die den Müll vor den Leuchtturm gekippt haben, um die Schwarzen in Schwierigkeiten zu bringen. Aber wenn ich daran denke, wie es rund um die *communities* der Schwarzen auf dem Festland aussieht, dann könnten sie es auch selbst gewesen sein.«

Ich dachte an die wunderbaren Abfallhaufen aus Muscheln, die überall an den Küsten herumliegen, und musste lächeln. Das Thema Abfall zwischen Weißen und Ureinwohnern ist eigentlich ein wunderbar klares Symbol für eines der größten Probleme unserer modernen Gesellschaft. Wir können zwar aufräumen und den Müll ordentlich in Säcke packen, auf Müllhalden bringen oder sonst was damit machen. Er bleibt uns trotzdem, nur wird er nie zu einem ästhetischen Kunstwerk, weil er nicht aus Muschelschalen, Knochen und Fischgräten besteht. Unser Dreck fügt sich nicht organisch in die Natur ein. Er ist ein unübersehbarer Fremdkörper. Wenn wir Weiße Müllpyramiden in unseren Gärten bauen würden – sie würden uns bald begraben.

»Übrigens, wir nehmen kein Plastikgeld«, sagte die Tochter des Hotelbesitzers in Triabunna, nachdem sie uns das Zimmer gezeigt hatte. Ein Zimmer ohne Bad, aber mit Blick auf den Hafen und einer Tapete, die genau einhundertzwanzig Jahre alt war. Mit »Plastikgeld« meinte sie Kreditkarten.

Das Spring Bay Hotel nannte sich stolz »historisch« und war einer der von uns so geliebten alten Kästen, die auch in Australien vom

Aussterben bedroht sind. Auf einem Schild an der Wand stand: »Es gibt sie noch, die alten Hotels.«

Seltsam, dass sie immer überdimensional sind. In Europa gab es früher auch kleine Gasthäuser und Absteigen. In Australien sind sie beinahe immer riesig. Der Schankraum des Spring Bay hatte in der Mitte einen umlaufenden Tresen, an dem sicher fünfzig Leute sitzen konnten. Jetzt, am frühen Abend, saßen da nur vier Männer in Arbeiterkluft. Das Rohr eines eisernen Ofens führte an der Decke entlang quer durch den Raum; offensichtlich sollte so die größte Heizkraft entfaltet werden. Ein alter Mann spielte Darts, fluchte vor sich hin, wenn er nicht traf.

»Essen gibt's bis acht«, rief uns die junge Frau zu, die hinter dem Tresen stand.

Wir hatten nichts anderes erwartet. Jetzt war es halb sieben, und wir wagten noch einen kurzen Spaziergang. Triabunna endet am Hafen, und da steht auch das Hotel. Es ist ein stiller Hafen mit ein paar Fischerbooten und wenigen Jachten. Hinter dem Ort steigen dunkel bewaldete Hügel auf. Ein Hund lief neben uns her, hatte ein zerzaustes vielfarbiges Fell und kluge Augen. An der Mole trafen wir einen alten Fischer, der sein Boot mit einem Wasserschlauch von Fischschuppen säuberte. Er lächelte, grüßte. Schnell waren wir in ein Gespräch über die guten Fischgründe und die außerordentlichen Langusten Tasmaniens verwickelt.

»Trotzdem kriegen wir nur schwer Nachwuchs«, sagte er bekümmert. »Den Jungen ist das Geschäft zu mühsam. Die setzen sich lieber vor einen Computer, als mit ihren Händen ein Netz aus dem Wasser zu ziehen und sich die Nächte auf dem Meer um die Ohren zu schlagen. Dabei gibt's nichts Schöneres, das kann ich euch sagen. Gibt einfach nichts Schöneres als Mondlicht über dem schwarzen Wasser. Ich für meinen Teil habe auch nichts gegen einen kräftigen Sturm. Da weiß man, dass man lebt. Wenn es so richtig fetzt und man nicht genau weiß, ob man nach Hause kommt oder nicht.« Er nickte vor sich hin, während er den Strahl seines Wasserschlauchs sorgfältig in alle Winkel auf dem Bootsdeck lenkte.

Es roch nach Fisch, und das Wasser in der Bucht war schwarz. Zwar tanzte kein Mondlicht auf den Wellen, aber immerhin spiegelten sich die Lichter der Straßenlaternen rund um den Hafen.

»Wir müssen zurück«, sagte Paul. »Sonst bekommen wir nichts zu essen.«

»Seid im Spring Bay, was?«, knurrte der Fischer.

Wir nickten.

»Dann beeilt euch! Die kochen verdammt gut. Nicht so neumodisches Zeug, sondern wie es sich für Leute gehört, die hart arbeiten. Ich komm später auch hin. Heut Abend gibt's eine Lotterie, da kann man eine Menge gewinnen. Könnt auch mitmachen, wenn ihr Lust habt.«

»Na, dann bis später«, sagte Paul.

»Bis später.« Der Fischer hob grüßend die Hand.

Merkwürdig, dass man in Australien schnell der Illusion verfällt dazuzugehören. Die Leute sind immer so nett hier.

Wir kehrten zum Hotel zurück, betraten den Speisesaal, dessen Düfte allein schon fast satt machten. Viel heißes Öl lag in der Luft, Fisch und Pommes – wie immer. Und das bestellten wir dann auch: Seafood-Basket.

Während wir warteten, ließ ich meinen Blick durch den Raum wandern. Am Tisch neben uns vertilgten zwei junge, übergewichtige Mädchen Unmengen von Pommes und eine Art Wiener Schnitzel. In einer Ecke saß ein Ehepaar mittleren Alters und schien wie wir zu warten. Auf ihrem Tisch stand eine Flasche Wein. Der Mann sah zu mir her, wieder weg. Ich schaute zu ihm hin, wieder weg. Jetzt brachte die Wirtstochter unseren Wein. Wir stießen an. Ich schaute kurz zu dem Mann in der Ecke, er schaute kurz zu mir. So ging es weiter. Der klassische Flirt. Er sah ziemlich gut aus, aber seine Frau ebenfalls.

»Dieser Mann in der Ecke«, sagte ich nach einer Weile zu Paul, »das ist kein Australier.«

»Wieso?«, fragte Paul.

»Er flirtet.«

»Wie bitte?«

»Er flirtet.«

»Soll ich ihm eins auf die Rübe geben?«

»Quatsch! Es war nur ein interessantes Experiment. Ich weiß ja noch nicht mal, ob ich Recht habe. Könnte ja auch ein ungewöhnlicher Australier sein.«

Mit gerunzelter Stirn schaute Paul angestrengt und ziemlich auffällig zu dem Mann hinüber. »Kein Australier«, sagte er dann.

»Warum?«

»Ganz einfach. Ein Australier würde niemals die Frau eines anderen derart unverschämt anstarren.«

»Er starrt nicht, er flirtet. Er wirft ab und zu einen kurzen Blick herüber.«

»Das würde ein Australier auch nicht tun.«

»Warum nicht?«

»Weil er genau wüsste, dass der Mann der Frau, die er ab und zu anstarrt, ihm eins auf die Rübe geben würde.«

»Und wenn die Frau ab und zu zurückschaut?«

»Das tut eine anständige Frau nicht.« Paul hatte offensichtlich Mühe, ernst zu bleiben.

»Liegt das an der puritanischen Vergangenheit?«

»Was heißt hier Vergangenheit?«, grinste Paul.

»Du nimmst es nicht ernst.«

»Nein, tu ich auch nicht. Weil ich dem Typen sonst eins auf die Rübe geben müsste, und das will ich nicht. Ich will in Ruhe meinen Korb voll gebratener Fische essen.«

»Wenn ich an dieses Schiff denke, die *Lady Julian*, dann war es ohnehin nicht so weit her mit den Puritanern«, murmelte ich, während ich mein Flirt-Experiment fortsetzte.

Aus rein wissenschaftlichen Gründen natürlich. Die Flirtkultur in Australien ist nämlich ziemlich unterentwickelt. Zumal im Hinterland bekommt man als Europäerin den Eindruck, als existiere man nicht oder als sei der Anblick einer Frau gefährlich. Die meisten Männer vermeiden jeden Blickkontakt wie der Teufel das Weihwasser. Glücklich wenden sie sich einem männlichen Gesprächspartner zu, sobald einer greifbar ist. Auch bei Gesprächen, etwa zwischen zwei Männern und einer Frau, besteht der Kontakt fast ausschließlich zwischen den Männern. Sie sprechen sozusagen über den Kopf der Frau hinweg miteinander. Mischt sie sich ein, so wird das als eher störend zur Kenntnis genommen, besser aber übergangen.

Die stärkste Reaktion, die man als Frau provozieren kann, ist ein anerkennender (oder anmachender) Pfiff, meist aus einer sicheren Entfernung von mindestens einer Straßenbreite oder aus einem vorbeifahrenden Auto.

In den Städten ist es ein wenig besser, doch auch hier fiel mir immer wieder eine ziemlich krasse Geschlechtertrennung auf, die aber nicht zu erhöhter erotischer Spannung führt. Verheiratete Männer scheinen mir eher ein Mutterverhältnis zu ihren Frauen zu haben; und die Frauen gestehen den Männern gnädig ihre *boys' nights* zu – mit der Betonung auf *boys*, so als müsste man die Kinder spielen lassen. Natürlich gibt es das auch in Europa, vor allem wahrscheinlich in Großbritannien, und die italienischen Mammas sind auch nicht zu verachten. Trotzdem kam mir der gehemmte, unerotische Umgang der Geschlechter miteinander spezifisch australisch vor.

All das ging mir durch den Kopf, während ich ziemlich abwesend meinen Test-Flirt forsetzte. Als mein Forschungsobjekt eine halbe Stunde später mit seiner Begleiterin den Speiseraum verließ, hörte ich ihn Schweizerdeutsch reden. Zu uns sagte er: *»Have a nice evening.«* Seine Frau nickte mir äußerst kühl zu.

»Schweizer«, sagte ich zu Paul. »Er ist Schweizer. Erstaunlich, denn die sind auch keine Weltmeister im Flirten.«

»Woher willst du das wissen?«

»Lebenserfahrung.«

Als die beiden Schweizer die Tür hinter sich schlossen, brachen wir gleichzeitig in Gelächter aus. Der wissenschaftliche Flirt hat mir trotzdem Spaß gemacht – ganz unwissenschaftlich.

Später am Abend setzten wir uns zu den Einheimischen am Tresen. Jetzt war es ziemlich voll in der großen Kneipe. Zigarettenrauch stieg zur Decke, die Wirtstöchter hatten alle Hände voll damit zu tun, Bier zu zapfen, flapsige Bemerkungen zu machen und Geld für die Lotterie einzusammeln. Das Geld war für einen guten Zweck bestimmt, der uns aber verborgen blieb.

Ein paar übergewichtige Männer und Frauen spielten Darts, und aus der Musicbox tönten Songs aus den 60er Jahren. Wir kauften zwei Lose und stellten erst hinterher fest, dass der Hauptgewinn aus zehn Kilo Schaffleisch bestand. Fünf Kilo gab's als zweiten Preis und Barbecue-Würstchen als dritten. Wir hofften inständig auf Nieten oder den vierten und fünften Preis, denn da winkten wenigstens ein paar Dollars.

Wir tranken Bier aus kleinen Gläsern, scherzten mit den Einheimischen – und wieder fiel mir auf, dass die Männer an mir vorbeischauten und nur mit Paul redeten. Es machte mir nichts aus, doch ich stellte mir vor, wie es wäre, wenn ich ständig diese Erfahrung machen müsste. Vielleicht lag darin der Ursprung der Burschikosität, der ich bei Frauen in Australien so häufig begegnet bin: auftreten wie die Männer, um gesehen zu werden; laut sein, fluchen, überleben. Als hätten sie ihre eigenen Ausdrucksmöglichkeiten völlig vergessen. Natürlich trifft das weniger auf die Städte zu. Dort sind die Mädchen wie Mädchen in Hollywood-Filmen – eben wie überall.

»Gibt jede Menge Macho-Frauen hier«, hatte Paul einmal gesagt, und ich hatte nicht begriffen, was er meinte. Jetzt, nachdem ich Australien ein bisschen besser kenne, begreife ich allmählich.

Die zehn Kilo Schaffleisch blieben uns erspart, und auch sonst gewannen wir nichts. Doch ganz plötzlich, in all dem Lärm, der Musik, dem Rauch, wurde uns bewusst, dass unsere Reise durch Tasmanien beinahe zu Ende war. Triabunna lag nur knapp achtzig Kilometer nördlich von Hobart. Und wie am Ende jeder Reise wollten wir eigentlich umkehren – alles noch einmal erleben, noch intensiver.

Erschrocken verließen wir die fröhlichen Einheimischen, die den Gewinner der Fleischberge feierten. Traten vor das Hotel, gingen noch einmal zum Hafen hinunter. Die Boote schaukelten in einer leichten Brise, Wolken hingen über der Bucht von Triabunna. Es roch nach Tang und Meer und dem Wind, der aus der Antarktis wehte.

Triabunna ist ein Wort der Ureinwohner, bedeutet Wildhuhn. Als die Weißen kamen, wurde in dieser Bucht eine Walfangstation gegründet. Später breiteten sich im Hinterland die größten Apfelgärten der Südhalbkugel aus. Heute kann man Boote mieten, um Hochseefische zu fangen. Für 500 bis 750 Dollar pro Tag. Außerdem gibt es eine Holzmühle. Trotzdem ist es sehr ruhig in Triabunna. Vor der Küste liegt Maria Island, das vor hundertfünfzig Jahren zu einem Verbannungsort für Sträflinge gemacht wurde. Heute ist es ein Nationalpark, und man hat dort sogar wieder Emus ausgesetzt, die nach der Kolonisierung so gründlich ausgerottet worden waren wie der Tiger und die Ur-Tasmanier. Allerdings Emus vom Festland. Die tasmanischen Emus sind für immer verschwunden, wie die ehemaligen Bewohner von Maria Island. Diese hatten sich hauptsächlich von Muscheln und anderen Meeresfrüchten ernährt. Ein kleiner Stamm friedlicher Menschen auf einer kleinen Insel.

Es fiel mir schwer, darüber nachzudenken. Geschichten dieser Art nehmen einem Hoffnung und Freude. Mir kommt es dann so vor, als würden wir Menschen Sterne auslöschen und der Himmel hörte auf zu leuchten. In Tasmanien überfiel mich trotz aller Schönheit, die ich bewunderte, trotz aller komischen und absurden Situationen und der Freundlichkeit der Menschen immer wieder Beklommenheit. Mir war, als hörte ich einen stummen Schrei – in den Wäldern, an den Stränden, unter den Wasserfällen.

Ich habe in einer alten Zeitschrift, die im Frühstücksraum des Hotels herumlag (natürlich mussten wir unser Frühstück wieder selbst zubereiten), einen Aufsatz gefunden, der auch in einer Südtiroler Heimatzeitung hätte stehen können oder in einer bayerischen.

Ein alter Farmer erzählte da von seiner Jugend und seiner Verwurzelung in der tasmanischen Erde, von den Krebsen im Bach, vom Forellenfangen, vom Reiten über die Weiden und dem langen Schulweg. Er sprach vom Gemüsegarten seiner Mutter, den duftenden Blumen und Kräutern, von den Hunden, mit denen die Kinder durch den Busch streiften, vom Baden in einer Gumpe – von all den kleinen Freuden des Landlebens. Während ich las, vergaß ich, dass hier eine Jugend in Tasmanien beschrieben wurde. Seine Schilderung erinnerte mich an die Romane von Enid Blyton über das Leben einer Farmersfamilie in Großbritannien, manchmal sogar an die Erzählungen meiner Mutter, die auf einem Bauernhof im Allgäu aufgewachsen ist. Nichts spezifisch Tasmanisches kam in diesen Geschichten vor – nicht einmal die Tiere dieses Landes. Dieser Mann hatte es geschafft, Zeit und Raum zu überwinden, und an das Lebensgefühl seiner Vorfahren anzuknüpfen, ehe sie ihre Heimat verlassen mussten.

Und während ich meinen Pulverkaffee schlürfte, Corn Flakes mit H-Milch übergoss, während Paul Brotscheiben toastete, fielen mir ein paar merkwürdige Geschichten ein, die genau dazu passten.

Ich hatte in Adelaide mit Paul einen Diavortrag über Deutschland gehalten. Vor Deutschen, Auswanderern, lauter alten Leuten, von denen manche weinten, als sie die Landschaften ihrer Kindheit sahen oder Städte, in denen noch Verwandte lebten. Es war auch eine jüngere Krankenschwester dabei, ebenfalls deutschstämmig und in einem Altenheim beschäftigt. Sie erzählte mir, dass in den Seniorenheimen und Pflegeeinrichtungen rund um Adelaide besonders viele alte Deutsche leben. Ein merkwürdiges Phänomen lasse sich immer häufiger beobachten: Je älter die Menschen wurden, je mehr sich ihr Geist verwirrte, desto intensiver tauchten die Erinnerungen an die Zeit in Deutschland wieder auf, an ihre Kindheit. Und sie verlernten die englische Sprache, mit der sie seit Jahrzehnten vertraut waren. In ihrem dementen Zustand verstanden sie nur noch Deutsch, sprachen nur noch Deutsch. Das werfe große Probleme bei der Pflege auf, sagte die Krankenschwester. Es gebe einfach nicht genügend Pfleger, die Deutsch könnten.

Ein alter Aborigine berichtet von einem ganz ähnlichen Phänomen. Seine Enkelin, die Schriftstellerin Sally Morgan, hat seine Geschichte in einem Buch aufgezeichnet.

»Ich bin ungefähr vierundachtzig jetzt, und ich habe in meinem Leben eine Menge durchgemacht. Erst am Ende des Lebens beginnt man zu verstehen, welche Dinge einem wirklich wichtig sind ... Ich habe mich bemüht, den Vorstellungen der Weißen entsprechend zu leben, aber hier bin ich nun, zu nichts nütze, und was fällt mir immer wieder ein? Tänze, Lieder, Geschichten, die die alten Leute immer erzählt haben. Jeden Abend liege ich im Bett und singe mich mit meinen alten Corroboree-Liedern in den Schlaf. Ich singe sie immer und immer wieder, und ich erinnere mich an diesen Abschnitt in meinem Leben. Das sind die Dinge, die ich liebe. Das sind die Dinge, die ich vermisse.«

Wir drückten uns um das Ende der Reise herum, wollten es nicht wahrhaben und fanden einen Ausweg auf einer Dirtroad. Als der Staub hinter uns aufwirbelte, hatten wir plötzlich die Illusion, als beginne unsere Fahrt erst jetzt. Schafe weideten unter hohen Eukalyptusbäumen, hin und wieder konnten wir das Meer sehen. Im Schneckentempo rollten wir über den Wielangta Forest Drive, begegneten niemandem, genossen den Anblick der langsam vorüberziehenden Bäume, deren Kronen sich manchmal über der Straße berührten.

Irgendwann hielten wir an und folgten dem Wegweiser zu einem Rundweg in eine kleine Schlucht, krochen durch eine feuchte, grün bemooste Höhle, an deren Wänden kleine Farne wuchsen. Die Höhle war auf einer Seite offen, von dort fiel grünes Licht herein, gefiltert von Baumfarnen, und wir hörten einen Bach rauschen. Die Höhle war ein fast vollkommenes Versteck, lag ganz am Ende der Schlucht und bot gleichzeitig Fluchtwege nach drei Seiten.

Ich hatte auf unserer langsamen Reise durch Tasmanien von den Bushrangern gelesen, die Mitte des 19. Jahrhunderts noch immer die Insel unsicher machten. Sie schlossen sich zu Räuberbanden zusammen, die zum Teil nach dem Vorbild von Robin Hood vorgingen: Schädigt die Reichen, schont die Armen. Aber es gab auch viele, denen jede Ethik abhanden gekommen war. In den dichten Wäldern nördlich von Hobart verbargen sich die meisten dieser Banden, denn von da aus konnten sie leicht wohlhabende Viehzüchter und Farmer erreichen. Unterstützung fanden die Räuber bei Strafgefangenen, die als Diener und Viehtreiber arbeiteten. Diese steckten ihnen Waffen zu und verschafften ihnen Pferde.

Einer der schlimmsten war Michael Howe, der es sieben Jahre lang schaffte, die Siedlungen nördlich von Hobart unsicher zu machen. Weil man ihn nicht erwischte, bot der Gouverneur allen, die nicht gemordet hatten, eine Amnestie an. Howe nahm sie dankend entgegen, entschwand aber nach kurzer Zeit wieder in den Wäldern und nannte sich »Governor of the Ranges«. Jetzt wurden hohe Belohnungen auf die Köpfe der Räuber ausgesetzt, und ein alter Gefährte wollte Howe ausliefern. Doch der durchschaute den Verrat und tötete den Mann. Erst die Rache einer Frau brachte Howe zu Fall. Jahrelang lebte er mit einer Aborigine zusammen, aber irgendwann war sie ihm im Weg, und er versuchte sie umzubringen. Doch sie entkam und verriet ihn an die Soldaten. So geriet Howe in einen Hinterhalt und wurde getötet. Die Soldaten trugen seinen Kopf im Triumphzug durch Hobart und strichen die Belohnung ein.

Einer, der dem Ideal eines Robin Hood wohl am nächsten kam, war Martin Cash. Gemeinsam mit zwei Kameraden gelang ihm 1843 die Flucht aus den Mauern von Port Arthur, und zwei Jahre lang lebten die drei von Raubzügen, wobei sie sehr genau zwischen Arm und Reich unterschieden. Deshalb hatte die Bande auch viele Freunde unter den kleinen Siedlern und Bauern. Außerdem soll Cash sehr galant zu Frauen gewesen sein. Man erwischte ihn mitten in Hobart. Es kam zum Kampf, und Cash erschoss einen Polizisten. Doch die Sympathien für ihn waren so groß, dass sein Todesurteil in lebenslängliche Haft auf Norfolk Island umgewandelt wurde. Als man das Gefängnis in Norfolk auflöste, brachte man Cash nach Port Arthur zurück, entließ ihn aber bald wegen guter Führung.

In späteren Jahren wurde aus Cash ein angesehener Siedler; er bewirtschaftete eine Farm bei Glenorchy. Ehe er 1877 starb, schrieb er ein Buch über seine Abenteuer.

Martin Cash war so ziemlich der letzte Bushranger Tasmaniens. In der zweiten Hälfte des 19. Jahrhunderts waren die Kommunikationswege bereits so gut ausgebaut, die Siedlungen so dicht, dass es immer schwieriger wurde, der Polizei zu entkommen. Und die Wildnis bot den Räubern keine Überlebenschance. Zu dieser Zeit mehrten sich außerdem die Proteste gegen die Deportation von Strafgefangenen aus Großbritannien nach Van-Diemens-Land. Die Gefängnisse wurden eins nach dem andern geschlossen, als letztes 1877 die gewaltige Anlage von Port Arthur. Der Name Van-Diemens-Land war bereits 1853 in Tasmanien geändert worden. Mit dem neuen Namen wollte man auch einen Neuanfang machen und die schlechten Erinnerungen vergessen, denn mit Van-Diemens-Land verbanden die Zeitgenossen nur die dunkle Seite der Geschichte. So wurde der Entdecker der Insel, Abel Tasman, verewigt, obwohl er Holländer war. Seine Name gehörte zu den wenigen, die weder mit Völkermord noch mit Gefängnissen oder anderen Gräueln in Verbindung gebracht werden konnten.

Als der Wald lichter wurde, mehrten sich Bilder, die zum Verweilen einluden und zum Träumen – Paradies-Augenblicke. Eine Pferdeherde zog langsam durch hohes Gras zu einem kleinen See. Nichts war zu hören als das feine, scharfe Peitschen der Schweife, wenn sie die Fliegen von den Flanken fegten. Hin und wieder sanftes Schnauben, eine geschwätzige Schwalbe, und zwischen zwei Hügeln das Meer, als hätte jemand es hingemalt, eine Theaterkulisse.

Es war fast Mittag. Warmer Wind stieg aus den Tälern zu uns herauf, duftete nach Kräutern und Pferdeschweiß. Paul döste im Wagen; ich ging weiter, hatte das Bedürfnis zu laufen. Er würde mir in einer halben Stunde nachfahren, falls er aufwachte ...

Der staubige Weg zog sich in weiten Kurven auf halber Höhe der Hügel dahin, tauchte in Bergfalten, bewaldete Täler und führte mich wieder hinaus auf grüne Hänge, von denen ich weit über die Insel und hinaus auf den Ozean schauen konnte. Am Horizont vermischten sich Himmel und Wasser, und mir kam es vor, als raste da draußen ein Sturm. Der Wind vom Meer her linderte die Hitze, und ich empfand das Gehen als so lustvoll, dass ich die Zeit vergaß, hielt erst wieder an, als ich ein kleines Haus entdeckte, in dessen Vorgarten eine Kuh graste. Es war die einzige Kuh weit und breit, und das Häuschen wirkte verlassen und baufällig. Im Vorgarten hatte schon lange niemand mehr Blumen und Gemüse gepflanzt. Einzig die Kuh schien zurückgeblieben zu sein, als Zeichen, dass irgendwann jemand hier gelebt hatte.

Dieser Jemand konnte durchaus ein entlassener Sträfling gewesen sein. Das Holzhaus sah recht alt aus, und mir fiel ein, dass ich unzählige solche ehemaligen Farmhäuser in Australien gesehen hatte. Unglaublich klein und bescheiden. Immer mit einer überdachten Holzveranda. Pionierhäuser einfacher Menschen, die etwas Anrührendes haben. Keine protzigen Farmen reicher Landbesitzer, sondern selbst gebaute Zuflucht derer, die täglich ums Überleben kämpften – es einmal mit Äpfeln, dann mit Schafen, mit Pfirsichen oder Brombeeren versuchten und irgendwann aufgaben, weil ihre Kraft nicht mehr ausreichte.

Wer immer dieses Häuschen gebaut hatte, wählte einen wunderbaren Platz: im Schatten von Bäumen, am Rand grüner Weiden und mit einer Aussicht, die in Europa eine Million wert wäre. Es war ein Haus, dem ich gern neues Leben eingehaucht hätte. Es kam mir vor wie ein vernachlässigtes Lebewesen mit hohlen Augen und traurig hängendem Wellblechdach. Ein alter Polstersessel stand auf der Veranda, zwei Autoreifen lehnten am ehemaligen Brunnen. Die Kuh hatte aufgehört zu grasen und starrte mich an, starrte noch immer, als Paul mit dem Wagen heranrollte. Er hielt bereits die Kamera in den Händen, ehe der Wagen stand.

»Willst du es kaufen?«, fragte er.

»Klar.«

»Pass erst mal auf, dass die Kuh nicht wegläuft. Ohne sie ist das Motiv im Eimer.«

»Gut. Wir kaufen das Haus mit der Kuh.«

»Aber ich brauche sie nur für dieses Foto«, grinste er. »Außerdem kann ich nicht melken.«

»Dann lassen wir es eben«, antwortete ich und war ernsthaft traurig. Manchmal dauern Paradiese nur ein paar Minuten, und vielleicht macht genau das ihre Beständigkeit aus.

Eigentlich wollten wir gar nicht mehr auf die Tasman-Halbinsel, hatten aber an der Kreuzung Richtung Hobart ausgerechnet, dass wir noch einen Tag verschwenden konnten. Es würde knapp werden zum Flugzeug, aber das machte nichts und so überquerten wir die schmale Landzunge in der Blackmans Bay und gelangten auf die Forestier-Halbinsel. Genau diesen Weg sollten einst die Ureinwohner gehen, die man mit der legendären Black Line aus Tasmanien vertreiben wollte. Später wurde diese fast schon von der Hauptinsel abgenabelte Halbinsel zum Puffer zwischen dem Gefangenenlager Port Arthur und dem Rest der Welt. Der Gouverneur Arthur Phillip war wohl ein ziemlich intelligenter Mann und wählte die beiden Halbinseln klug aus. Was ein Paradies hätte sein können, machte er für Tausende zur Hölle. Zu entkommen war fast unmöglich, denn eine zweite schmale Landenge, Eaglehawk Neck genannt und nur knapp hundert Meter breit, verbindet die Forestier- mit der Tasman-Halbinsel.

Heute führt der Arthur Highway hinüber, und spielend, fast unbemerkt, ist ein Hindernis überwunden, das für die Gefangenen einst wie eine Mauer war. Wir hielten an, fuhren wieder zurück und gingen dann zu Fuß hinüber. Nichts erinnerte mehr an die einstigen Schrecken, es gab keine Bluthunde, die knurrend und jaulend auf uns zustürzten. Angeblich waren die Tiere so in einer Reihe angebunden, dass sie sich nur mit den Schnauzen berühren konnten, und so scharf, dass sie jeden zerrissen, der sich ihnen näherte. Es gab keine Wachtposten mehr an den Ufern links und rechts des Isthmus. Und wir wussten, dass in den dunkelblauen Gewässern keine riesigen Haie oder mörderischen Kraken auf Beute warteten. Solche Horrormärchen hatte man den Gefangenen erzählt, um sie von einer Flucht durchs Wasser abzuhalten.

Martin Cash und seine Gefährten gehörten zu den wenigen, die es trotzdem wagten. Nachts, wenn das Wasser schwarz ist, müssen die Schrecken noch größer gewesen sein. In der Ferne die Lampen, mit denen Eaglehawk Neck bei Dunkelheit beleuchtet wurde, das Knurren und Jaulen der Bluthunde und als einziger Weg in die Freiheit dieses eiskalte, schwarze Wasser, von dem niemand wusste, was es in seinen Tiefen barg. Zudem war das Risiko hoch, auf der anderen Seite von einer Patrouille aufgegriffen zu werden. Nur der Mut der Verzweiflung konnte die Ausbrecher antreiben. Und nur wer überhaupt schwimmen konnte, hatte eine winzige Chance.

Sie haben sich vermutlich ganz langsam ins Wasser gewagt, um jedes Plätschern zu vermeiden, mit den Füßen tastend und alle Sinne so angespannt, dass es schmerzte. Konzentriert auf das andere Ufer, auf mögliche Verfolger, die Hunde und auf Bewegungen unter Wasser, die einen Hai ankündigten. Konnten sie gut schwimmen oder nur mäßig? Die Gewässer rund um Tasmanien sind selten ruhig, die Wellen fast immer hoch. In den Wellentälern konnte man sie nicht entdecken, aber oben, auf den Kämmen? Mussten sie tauchen, weil Soldaten am Ufer patrouillierten? Stießen ihre Beine aneinander, so dass sie einen Schrei unterdrücken mussten, weil sie überzeugt waren, gleich von einem Ungeheuer hinabgezogen zu werden?

Wir aber sahen nur stille Buchten und Wälder, die bis zum Wasser reichten, und ein paar Wochenendhäuser – auch Tasmanier lieben

Datschen. Doch ein halbes Jahr später lasen wir in einer deutschen Zeitung, dass an der tasmanischen Küste ein fünf Meter langer Riesenkrake angeschwemmt worden war. Ein weißes Tiefseeungeheuer, eines, das auf historischen Abbildungen große Segelschiffe mit seinen Fangarmen umklammerte, um sie in die Tiefe zu ziehen. Man sollte vielleicht doch alles für möglich halten.

Als wir von einer Anhöhe aus die Piratenbucht und die wilde Felsenküste der Tasman-Halbinsel überblicken konnten, zog von irgendwoher eine schwarze Wolke heran, legte sich über uns und ließ derart heftigen Regen auf uns herabprasseln, dass wir kaum noch die Büsche am Straßenrand erkennen konnten. Zehn Minuten Sintflut, dann ein Regenbogen und schon wieder blauer Himmel. Die Wälder dampften, ein brauner Bach begleitete uns zum Strand hinunter. Dort fanden wir ein himmelblaues Hotel, das ganz verlassen aussah, und einen Wegweiser nach »Devils Kitchen«. Dem folgten wir, zusammen mit einem Bus voller japanischer Touristen.

Die Küche des Teufels entpuppte sich als runder Höllenschlund, dreißig, vierzig Meter tief, in den der Ozean mit kreisenden, schäumenden Wogen einbrach. Schaudernd warfen die japanischen Touristen einen kurzen Blick hinein, machten ein paar Fotos und flüchteten wieder in ihren Bus. Schaudernd folgten wir ihrem Beispiel.

Wir trafen sie noch zweimal bei den wilden Naturschauspielen dieser Küste – bei den Blowholes, jenen Hohlräumen im Fels, durch die das Meer in Fontänen aufsteigt, die an das Blasen der Wale erinnern. Später dann, beim Tasman Arch, einer natürlichen Brücke zwischen den Felswänden. Sie wirkten immer erschrocken angesichts der Urgewalten und sammelten sich um den winzigen Andenkenladen, der ein wenig Geborgenheit bot, wie Bienen um ihre Königin.

Wir fuhren weiter, hatten die Ruhe der letzten Wochen verloren, fanden plötzlich nicht mehr, was wir suchten. Begannen beinahe zu streiten bei der Frage: Wollen wir die Ruinen der Gefängnisanlage besichtigen oder nicht?

»Weißt du, was die da machen?«, fragte Paul. »Eine Gespenstertour bei Nacht, damit sich alle schön gruseln können. Ich finde das geschmacklos. Richtige Leichenfledderei.«

»Ich will ja keine Gespenstertour mitmachen, sondern nur einen Blick auf das Gelände werfen.«

»Da wirst du einen riesigen Andenkenladen mit Selbstbedienungsrestaurant vorfinden und dahinter ein paar Ruinen.«

»Ja, kann ja sein. Aber ich möchte es trotzdem sehen.«

»Gut, wenn du meinst.« Er gab Gas und sagte nichts mehr, bis wir auf den riesigen Parkplatz rollten, der dem Oktoberfest alle Ehre machen würde. Es war bereits später Nachmittag, trotzdem standen noch mindestens zweihundert Autos vor dem Eingang zur »Historischen Gefängnisanlage«.

»Es ist sowieso zu spät«, sagte Paul triumphierend. »Die schließen sicher gleich.«

Grummelnd folgte er mir in die flache Eingangshalle aus Beton, die innen an ein Flughafengebäude erinnerte. Auf mehreren Ebenen gab es unzählige Souvenirs und Broschüren, selbstverständlich ein großes Selbstbedienungsrestaurant, und da waren auch schon wieder unsere Japaner, sammelten sich gerade zur letzten Führung. Diesmal wirkten sie zuversichtlicher. Keine bedrohliche Natur erwartete sie, sondern nur Reste alter Gemäuer.

Uns aber fiel beinahe gleichzeitig das Massaker von 1996 ein, als ein verschrobener Einzelgänger auf dem Gelände des ehemaligen Gefängnisses fünfunddreißig Menschen erschoss und viele verletzte. Man spricht nicht gern darüber in Port Arthur, und es ist verständlich, denn selbst die härtesten Realisten befiel und befällt Beklommenheit angesichts des Schauplatzes. Es war, als wäre der Geist eines hasserfüllten Gefangenen in diesen Mann gefahren, der einfach sein Gewehr nahm und einen nach dem anderen abknallte. Danach zündete er noch ein Gasthaus an. Er konnte nicht sagen, warum er es getan hatte – er hat es einfach getan. Ein Besessener.

Ein Weilchen blieb ich neben der Gedenktafel stehen und beobachtete die scheuen Blicke der Vorübergehenden. Kaum einer blieb stehen, schnell wandten sie die Augen ab, obwohl alle genau wussten, was da stand. Die Gräuel des 19. Jahrhunderts kann man genießen, denn sie liegen weit zurück. Die Gräuel von 1996 lösen Ängste aus und verderben den Urlaub.

Durch die getönten großen Fensterwände sahen wir ein paar Ruinen, wie die Spiegelung berühmter Bauwerke in den Glasfassaden von Banken und Luxushotels. Der Rasen wirkte sehr gepflegt. Nein, wir wollten nicht hinaus, überließen es den Japanern, kehrten in schweigendem Einverständnis zum Wagen zurück und fuhren schnell in die Wälder.

An diesem Abend landeten wir bei einem traurigen Holländer, der uns ein Zimmer in seinem traurigen Bungalow-Hotel vermietete. Zu essen gab es nichts, denn seine Frau hatte ihn verlassen, und er war dabei, das Geschäft aufzulösen. Ein großes Schild stand auf dem kurzen Rasen vor der Rezeption: »For Sale«. Und natürlich fragte er uns, ob wir kein Interesse hätten.

»Man kann was draus machen«, sagte er mit müder Stimme und trank einen Schluck Whisky. »Mit einer guten Frau kann man da was richtig Gutes draus machen. Schließlich ist der Blick einmalig. Die ganze Piratenbucht liegt vor jedem Apartment. Wirklich vor jedem.«

An der Wand hing ein Fernseher. Wieder einmal Kricket.

»Interessieren Sie sich dafür?«, fragte ich ihn, denn er war immerhin Holländer und kein Engländer.

Er schüttelte traurig den Kopf. »Eigentlich nicht, aber ich kann hier nur einen Sender empfangen.«

»Und wie steht's?«, fragte Paul.

»Sieht so aus, als würden die Südafrikaner gewinnen.«

»Jesus!«, sagte Paul.

Am nächsten Tag kehrten wir langsam nach Hobart zurück, vorbei an den Brücken und Sandsteinhäusern der Landstädtchen, die einst von den Sträflingen gebaut worden waren. Die Luft war noch immer so köstlich wie zu Beginn unserer Reise, die Wiesen waren grün und die Kühe fett. Wir fuhren durch Weinberge, sahen ganz nah ein Flugzeug abheben, die Straße wurde breiter, der Verkehr dichter, und dann hatte uns die Zivilisation wieder. Aber noch immer quollen die Gärten der Vorstädte von Blumen über, und Mount Wellington schien Wolken zu speien. Am Salamanca-Markt spielten uns Musiker aus Peru ein Ständchen, und wir bewegten uns vorsichtig, glücklich und wehmütig zugleich auf dem dünnen Eis dieses letzten tasmanischen Paradies-Augenblicks.

Nachwort

Die letzten Nachrichten aus Tasmanien klingen nicht besonders gut. Die Regierung hat ein Moratorium zum Fällen der Regenwälder aufgehoben. Tag und Nacht arbeiten sich die Maschinen im Tarkine voran. Nachts im Licht von Scheinwerfern. Es sieht aus, als wollte man ganz schnell vollendete Tatsachen schaffen, ehe immer mehr Menschen aufwachen und die Urwälder verteidigen.

Proteste und Blockaden werden verhindert, indem man scharfe Gesetze verabschiedet. Wer sich den Holzfällern in den Weg stellt, gilt in Tasmanien vor dem Gesetz als Krimineller und muss mit Gefängnis und hohen Geldstrafen rechnen.

Die politische Entwicklung der letzten Jahre hört sich an wie ein Kriminalroman. Die Grünen (Greens) waren einst eine starke Partei mit einem Drittel der Parlamentssitze. Gemeinsam mit der Labour Party änderten die Liberalen das Wahlrecht. Auf diese Weise gelang es ihnen, die Grünen aus der Legislative auszubooten. Nun war der Weg frei für die Holzgesellschaften, allen voran natürlich Gunns, die inzwischen ein regelrechtes Monopol innehat und der mehrfach Bestechung von Politikern nachgewiesen wurde. Nicht einmal die einzelnen Gemeinden haben mehr ein Recht, der Holzindustrie Einhalt zu gebieten.

Solche Entwicklungen passen nicht zum Image der grünen Paradiesinsel, doch sie sind Teil der Abgründe, die sich überall auf unserem Planeten auftun.

Mike Thomas von der Tarkine National Coalition, einer Umweltgruppe zur Rettung des Tarkine, bringt es lakonisch auf einen Nenner: »*Big business, small government – that's what it comes down to.* Auf der einen Seite ist Tasmanien führend in grüner Politik und auf der anderen Seite haben wir hier eine der schlimmsten Umweltbilanzen weltweit.«

Der französische Schriftsteller und Nobelpreisträger Albert Camus hat, lange ehe es Grüne oder so etwas wie ein Umweltbewusstsein gab, geschrieben: »Während die Werke des Menschen nach und nach die unendlichen Weiten unter sich begraben haben, in denen die Welt schlummerte, und zwar in solchem Ausmaß, dass sogar die Vorstellung der unberührten Natur heute dem Mythos des Garten Eden angehört ... können wir den Tag voraussehen, an dem die stille Schöpfung der Natur restlos durch die scheußliche, aufdringliche Schöpfung des Menschen verdrängt sein wird, die vom Geschrei der Revolution und Kriege dröhnt, vom Lärm der Fabriken ..., unwiderruflich schließlich und siegreich im Ablauf der Geschichte; und dann hat sie die Aufgabe auf dieser Erde erfüllt, die vielleicht darin bestand zu demonstrieren, dass alles noch so Großartige und Erstaunliche, was sie in Jahrtausenden zu vollbringen vermochte, nicht so viel wert war wie der flüchtige Duft der Heckenrose, das Tal der Olivenbäume, der Lieblingshund.«

In der Vergangenheit gelang es Menschen, die ihre Kraft für die Erhaltung der Wildnis eingesetzt haben, diese Maschinerie des Big Business aufzuhalten. Um die großen Holzfirmen in die Schranken zu weisen, benötigt man aber besonders viel Kraft und Ausdauer. Das gilt nicht nur für Tasmanien, sondern auch für die Wälder im Südwesten Australiens, in Queensland, Russland, Alaska, Kanada, Brasilien, Borneo, Burma und für viele mehr.

Wer sich genauer über die Arbeit der Umweltgruppen zur Rettung des Styx und des Tarkine informieren will, kann das im Internet tun (www.tarkine.org.au und www.wilderness.org.au). Sowohl in der Tarkine National Coalition Inc. als auch in der Wilderness Society können Ausländer Mitglied werden, und Hilfe ist sehr willkommen.

Dank

Bei der Recherche zu diesem Buch habe ich Unterstützung von vielen Menschen bekommen, denen ich meinen großen Dank aussprechen möchte: Margaret Payne erforschte für mich und ihre Kinder die aufregende Geschichte ihrer Vorfahren, Merril Clayton sammelte Informationen, Mike Thomas vom Tarkine National Council sorgte für Hintergrundmaterial, Cate Weate, Mitarbeiterin von Senator Bob Brown, beantwortete wichtige Fragen. Dank auch an das Goethe-Institut Inter Nationes, das mich zu seiner Sommerschule nach Tasmanien eingeladen hat, und nicht zuletzt allen Menschen, die uns ihre Geschichten erzählten. Dank auch meinem Mann, Paul Mayall, dessen Humor viel zum Gelingen dieses Buches beitrug.

Zitatnachweis

(Sofern nicht anders angegeben, stammen die Übersetzungen der Zitate von der Autorin.)

6, 102, 145 Kevin Gilbert, *People are Legends*, University of Queensland Press 1978

9, 20 f., 110 Margaret Scott, *Collected Poems*, Montpellier Press, Tasmanien 2000

21 Aus *Haiku*, Japanische Gedichte, Thienemann, Edition Erdmann, Stuttgart 1984 (Übersetzung: Dietrich Krusche)

25 f. Matthew Flinders, zit. aus *Tasmania*, Lonely Planet, Australien 1996

59* Siehe Barbara Veit, *Traumsucher – Walkabout in Westaustralien*, TB-Ausgabe Bertelsmann Verlag, München 2001

63, 69, 71, 158 Zitate von Bob Brown aus *The Tarkine – Endangered Wilderness*, The Wilderness Society, Tasmanien 1995

74 Günther Grass, Solidaritätsadresse des Literaturnobelpreisträgers an die Verteidiger des Styx und des Tarkine, Süddeutsche Zeitung vom 28. April 2003

92 f. (Bob Brown) und **93** (Backhouse) aus *The Living Australia*, Nr. 1, 1985, Bay Books, Kensington, Australien

103 Archie Weller, »Saturday Night and Sunday Morning«, in *Going Home*, Allen & Unwin Press, Sydney 1986

107 J. R. Skemp, *Tasmania, Yesterday and Today*, MacMillan & Co, Melbourne 1958

113 Sian Rees, *The Floating Brothel*, Headline Book Publishing, London 2001

116 Albert Camus, *Der erste Mensch*, Rowohlt Verlag, Reinbek, 1995 (Übersetzung: Uli Aumüller)
151ff. Baummythos aus: Bahumir Wongar, *Die Seele* Lamuv Verlag, Bornheim-Merten 1985 (Übersetzung: Werner Horch)
170 Aus: Sally Morgan, *Wanamurraganya, Die Geschichte von Jack McPhee*, Unionsverlag, Zürich 1997 (Übersetzung: Gabriele Yin)
181 Albert Camus, *Tagebücher 1935–1951*, Rowohlt, Reinbek 1972 (Übersetzung: Guido G. Meister)

Übersetzungen der englischen Zitate

Seite 6

Erde und Gott und Mensch
sind ein Nichts,
bis sie zusammenfließen
und ein vollkommenes Etwas werden.
Gemeinsam erst erlangen sie Bewusstsein.

KEVIN GILBERT

Seite 9 und 20f.

»Es ist wie England«, sagte unser Schiffsgefährte.
»Ihr werdet euch fühlen wie daheim.« Und unverhofft rührt
hier am Ende der Welt ein Streifen Wald am Meer das Herz,
wühlt Erinnerungen auf an Dorset und Devonshire.
Doch da,
über den vertrauten Bäumen,
greift ein Vogelscheuchenast nach dem Himmel,
fremd wie das kalte Gesicht eines Vorübergehenden,
den man für einen Freund gehalten hat.
Gibt keine Jahreszeiten hier. Nur endlose Tage,
die Zeit in Trommelschläge verwandeln;
und sie rufen einen, der alterlos ist und grausam,
dass er aufstehe aus den Wellenbergen
und dieses Land der vergessenen Gräber heimsuche.

MARGARET SCOTT

Seite 110

Alte Geheimnisse hielten uns am Boden,
doch jetzt erheben wir uns
und graben nach der Wahrheit,
die tief unter unseren Wurzeln liegt.
MARGARET SCOTT

Seite 113

Ihr zarten britischen Nymphen, voll Schönheit und Ruhm,
hört meine Geschichte, sie lasse euch nicht ruh'n.
Einst war ich gesegnet und glücklich wie ihr,
jetzt drückt mich der Kummer zu Boden schier.
Oh, lasst mich mit meinem Leid nicht allein,
muss bald als Gefangene nach Botany Bay.

Seite 145

Schau ihn an, den wiedergefundenen Traum,
steh auf wie neugeboren;
bewahre stets deinen Stolz auf das Land
oder vergieße dein Blut im Sand.
Stirb als Mensch,wenn du denn sterben musst,
stirb als freier Mensch.
Besser tot, als eine Lüge leben,
als kraftloser Abschaum, Koori!
KEVIN GILBERT
(Koori ist der Name des Aborigine-Volkes, dem Gilbert angehört.)

Biografien

Barbara Veit, geb. in München, war mehrere Jahre Redakteurin bei der *Süddeutschen Zeitung* und arbeitet seit 1978 als freie Autorin. Seit 1995 ist sie mit dem australischen Fotografen Paul Mayall verheiratet. Sie veröffentlichte über 30 Bücher für Jugendliche und Erwachsene, darunter *Traumsucher – Walkabout in Westaustralien,* ebenfalls mit Paul Mayall, bei Frederking & Thaler erschienen.

Paul Mayall, geb. in Perth/Westaustralien, gelernter Goldschmied, arbeitete als LKW-Fahrer und Touristenführer, bevor er sich der Fotografie zuwandte. Zahlreiche Veröffentlichungen in Zeitschriften, Kalendern, Büchern.

Die Deutsche Bibliothek – CIP-Einheitsaufnahme
Ein Titeldatensatz für diese Publikation ist bei
Der Deutschen Bibliothek erhältlich

www.frederking-thaler.de

Text: Barbara Veit, Prien a. Chiemsee
Fotos: Paul Mayall, Prien a. Chiemsee
Lektorat: Irene Rumler, München
Herstellung und Satz: Büro Sieveking, München
Karte: Eckard Radehose, Schliersee
Umschlaggestaltung: Petra Dorkenwald, München
Druck und Bindung: GGP Media, Pößneck

Printed in Germany

ISBN 3-89405-473-5

Umwelthinweis: Das Papier wurde aus chlorfrei gebleichtem Zellstoff hergestellt und enthält keine Aufheller. Die Einschweißfolie – zum Schutz vor Verschmutzungen – ist aus umweltfreundlicher und recyclingfähiger PE-Folie.

REISEN · MENSCHEN · ABENTEUER

NATIONAL GEOGRAPHIC TASCHENBÜCHER
VON FREDERKING & THALER

GO DOWN UNDER!

Barbara Veit
Traumsucher
Walkabout in Westaustralien
ISBN 3-89405-117-5

Die Reise von Barbara Veit und Peter Mayall führt sie von Perth nach Süden, weiter in die Goldfelder, in die Härten des Outback, die Einsamkeit der Minenstädte des Nordwestens. Sie machen sich auf die Suche nach den Träumen der Ureinwohner und der weißen Einwanderer Australiens – und ergründen die eigenen Sehnsüchte nach Weite, Freiheit und Spiritualität.

Dieter Kreutzkamp
Rund um den roten Kontinent
Mit dem VW-Bulli auf Australiens Highway One
ISBN 3-89405-211-2

Dieter Kreutzkamp umrundet Australien auf der Traumstraße, dem Highway Number One. Dabei begegnet er nicht nur Krokodilen und giftigen Schlangen, Koalas und Delfinen – er forscht auch nach den Geschichten der Pioniere und trifft Aborigines, Abenteurer und Aussteiger. Diese Begegnungen sind es, die seine Reise zu einem einmaligen Erlebnis machen.

Bernd Keiner
Quer durch den roten Kontinent
Unterwegs in Australien
ISBN 3-89405-021-7

Während seiner monatelangen Reise durch den riesigen Kontinent Australien paddelt Bernd Keiner im Kanu durch die Mangrovensümpfe von Arnhemland und durchquert in langen »roadtrains« die endlose Wüste und den spektakulären Westen Australiens. Die Kontraste Australiens lernt Keiner bei seinen Aufenthalten in der Großstadt Sydney und bei Diamantensuchern in abgelegenen Gebieten kennen.

So spannend wie die Welt.

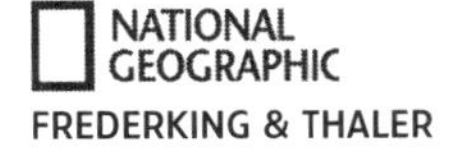

FREDERKING & THALER

REISEN · MENSCHEN · ABENTEUER
BEI FREDERKING & THALER

Björn Klauer
EXPEDITION POLARLICHT
216 Seiten, 41 Farbfotos,
geb. mit SU, 14 x 22 cm
ISBN 3-89405-614-2

Immer gen Norden
Eine Schlittenhundeexpedition durch Spitzbergen

Martin Buckley
MIT DEN TASCHEN VOLLER SAND
416 Seiten, 12 Farbfotos,
geb. mit SU, 14 x 22 cm
ISBN 3-89405-474-3

Von Wüste zu Wüste
Eine ungewöhnliche Entdeckungsreise rund um die Welt.

Stanley Stewart
AUF DEN SPUREN VON DSCHINGHIS KHAN
320 Seiten, 16 s/w-Fotos,
geb. mit SU, 14 x 22 cm
ISBN 3-89405-619-3

Bei Adlerjägern und Yakzüchtern
Zu Pferd über die endlosen Steppen und sanften Gebirge der Mongolei